Gottesdienstpraxis

Serie B:
Arbeitshilfen für die Gottesdienste zu den Festzeiten und für Kasualien

Herausgegeben von Erhard Domay
und Horst Nitschke

Gütersloher Verlagshaus Gerd Mohn

Taufe

Predigten · Gottesdienstentwürfe
Praxisberichte

Herausgegeben von Horst Nitschke

Gütersloher Verlagshaus Gerd Mohn

CIP-Kurztitelaufnahme der Deutschen Bibliothek

Gottesdienstpraxis / hrsg. von Erhard Domay u.
Horst Nitschke. – Gütersloh: Gütersloher Verlagshaus Mohn
NE: Domay, Erhard [Hrsg.]
Ser. B, Arbeitshilfen für die Gottesdienste zu
den Festzeiten und für Kasualien.
→ Taufe
NE: Abt.

ISBN 3-579-02783-2

Satz: IBV Lichtsatz KG, Berlin
Druck und Bindung: Ebner Ulm
Umschlagentwurf: Franz Wöllzenmüller, Oberhaching
Printed in Germany

Inhalt

Überlegungen und Praxisberichte

Ansprachen

a) Predigten

b) Kurzansprachen

Entwürfe für Taufgottesdienste

Taufen von Jugendlichen und Erwachsenen

Besondere Fälle

Voten, Anreden, Meditationen, Gebete

Überlegungen und Praxisberichte

Beobachtungen zur Taufsituation

Heinrich Grosse

Obwohl die meisten Eltern in der Bundesrepublik ihre Kinder taufen lassen, macht sich der Traditionsabbruch auch im Bereich der Kindertaufe bemerkbar. Viele Eltern haben eine sehr geringe Bindung an die Kirche (– so ist z. B. eine kirchliche Trauung keinesfalls die Regel –); eine Auseinandersetzung mit Fragen des christlichen Glaubens findet kaum statt. In einigen Landeskirchen kann neuerdings ein Kind auch dann getauft werden, wenn beide Eltern aus der Kirche ausgetreten sind. Oft nehmen Väter nicht am Taufgespräch teil. Manche Eltern wissen keine Paten zu benennen.
Bekanntlich ist die kirchliche Bindung vieler Paten grundsätzlich nicht anders als die der Eltern, wenn man davon absieht, daß die Paten juristisch Kirchenmitglieder sein müssen. Der Einfluß der Paten auf die Erziehung – und besonders auf die christliche Erziehung – der Täuflinge ist in der Regel sehr gering, oft schon bedingt durch die räumliche Entfernung zum Wohnort des Patenkindes. Von einem »stellvertretenden Glauben« der Eltern und Paten wird man in den meisten Fällen nicht sprechen können.

Aus diesen groben Beobachtungen, die natürlich nicht auf alle Fälle zutreffen, ziehe ich folgende *Konsequenzen:*
1. Wenn Taufeltern im Gespräch keine Wünsche und Vorstellungen inbezug auf Lieder, Texte und Taufspruch äußern können, lege ich ihnen verschiedene Texte zur Auswahl vor. Ich versuche so zu erreichen, daß die Taufeltern nicht völlig in der Rolle passiver Konsumenten einer kirchlichen Dienstleistung bleiben.
2. Im Taufgespräch sollte deutlich werden: Eltern und andere Teilnehmer am Taufgottesdienst haben grundsätzlich die Möglichkeit, aktiv an der Gestaltung der Tauffeier mitzuwirken. Freilich wird die Möglichkeit, beispielsweise ein Gebet oder einen Bibeltext zu sprechen oder einen musikalischen Beitrag zu leisten, nur in Ausnahmefällen wahrgenommen.
3. Da vielen die Bedeutung der Kindertaufe bzw. des Taufritus unklar ist, sollte die Taufansprache auf den Sinn der Kindertaufe eingehen und verdeutlichen, was es heißt, Christ zu sein. Auch die Zeichenhandlungen (Kreuzzeichen; Taufritus) sollten mit wenigen Worten erläutert werden.
4. Wenn ein innerer Bezug zur christlichen Glaubenstradition bei vielen Teilnehmern einer Tauffeier nicht angenommen werden kann, sollte um der Glaubwürdigkeit der Handlung willen auf ein gemeinsam gesprochenes Glaubensbekenntnis verzichtet werden. Das Vaterunser erscheint mir für viele Kirchenmitglieder eher nachvollziehbar.(Viele Überlegungen zur Glaubwürdigkeit von

Konfirmationsfeiern lassen sich analog auf die Situation der Kindertaufe beziehen.)

5. Auch die Tauffrage an die Eltern und Paten sollte in ihrem Anspruch keine »heile kirchliche Kultur« voraussetzen, zumal die Verpflichtung zur christlichen bzw. kirchlichen Erziehung rechtlich nicht einklagbar ist. Angesichts des fortschreitenden Traditionsabbruchs formuliere ich die Tauffrage »bescheiden«: »Wollen Sie dazu beitragen, daß dieses Kind im Geiste Christi, im Geist der bedingungslosen Liebe und Menschenfreundlichkeit aufwächst, so sprechen Sie: Ja.« In dieser Formel ist berücksichtigt, daß Eltern und Paten nicht die alleinigen Erzieher sind. Der Akzent liegt auf dem Ziel einer christlichen, nicht einfach kirchlichen Erziehung.

6. Um deutlich zu machen, daß die Kinder nicht nur den Müttern, sondern ebenso den Vätern (und Paten) als Gabe und Aufgabe anvertraut sind, ersetze ich die traditionelle Muttersegnung durch ein Segenswort für die Eltern (und Paten).

7. Überlegenswert erscheint mir, ob nicht der katholische Ritus der Überreichung einer Taufkerze Bestandteil auch aller evangelischen Taufen werden sollte. So ließe sich zeichenhaft zum Ausdruck bringen: Bei der Kindertaufe geht es um mehr als einen punktuellen Festakt. Die Taufkerze kann später für den Täufling eine anschauliche Erinnerung an seine Taufe sein.

Ein Taufmodell

Renate Ganzhorn-Burkhardt

Viele Gemeindeglieder sehen die Taufe als Familienfest und möchten dazu einen »schönen« Taufgottesdienst. Sie wissen nichts über die theologische Bedeutung der Taufe und interessieren sich auch nicht dafür. Sie achten bei weitem mehr auf die Äußerungen (des Behagens oder Mißbehagens) der Täuflinge als auf die Taufansprache (und sei sie noch so durchdacht) – der Ärger über solche in schöner Regelmäßigkeit wiederkehrenden Erfahrungen brachte mich zum neuen Überdenken, wie ich die Erwartungen der Taufeltern ernst nehmen und mit meinen eigenen Vorstellungen verbinden kann. Das »Taufmodell«, das so entstand, hat folgende Besonderheiten:

– Wenn die Eltern ihr Kind zur Taufe anmelden, vereinbare ich mit ihnen einen Termin, an dem ich sie in ihrer Wohnung besuche. Das Taufgespräch dort hat nicht belehrende, sondern seelsorgerliche Funktion: meistens sind Eltern froh, wenn sie von der Geburt ihres Kindes und der dadurch für sie veränderten Lebenssituation berichten (und dabei auch ihre oft zwiespältigen Gefühle klären) können.

– Zum Taufgottesdienst erhält jeder ein Faltblatt, das er mit nach Hause nehmen darf. Einen »Psalm aus unserer Zeit« sprechen ich und die Taufgemeinde im Wechsel als Eingangsgebet.
– Da in der Regel Kinder (Geschwister, Vettern oder Basen der Täuflinge) auch im Taufgottesdienst sind, gestalte ich mit ihnen zusammen die Taufansprache als »Taufgespräch« über die Elemente der Taufe und ihre Bedeutung.
Zum *Wasser* frage ich sie: Wasser kann für den Menschen sehr gefährlich, lebensbedrohend sein – wißt ihr, warum? (Da kommt viel zusammen: Überschwemmungen, Ertrinken im Meer oder in reißenden Gebirgsbächen, Strudel usw.) Ich nehme die Antworten auf: Das Wasser auf der Stirn des Täuflings bedeutet: alles, was dich in deinem Leben von Gott trennt, das soll im tiefsten Wasser versinken, soll ertrinken, sterben. Wasser ist aber auch lebensnotwendig und gut für den Menschen – wißt ihr, warum? (da gab es schon die verschiedensten Antworten: Trinken, Baden, Plantschen, Freuden des Wassersports.) Ich nehme die Antworten auf: Das Wasser auf der Stirn des Täuflings bedeutet: Du mußt nicht verdursten, auch wenn dir dein Leben manchmal wie eine Wüste vorkommt, Gott gibt dir seinen Geist als Lebenskraft – so unbemerkt oft, und doch so lebensnotwendig wie das Wasser in unserem Körper. Und: Wenn du dir manchmal ganz schmutzig vorkommst: du brauchst mit diesem Schmutz nicht dein Leben lang herumlaufen, kannst ihn abwaschen: Gott vergibt dir.
Zur *Taufformel* frage ich sie: Welchen Namen habt ihr bei eurer Geburt bekommen? (mit älteren Kindern kann man schon die Unterschiede von Vor- und Familiennamen herausarbeiten, bei jüngeren erkläre ich dann selber:) So wie der Täufling N. N. bei seiner Geburt den Namen seiner Eltern erhalten hat zum Zeichen dafür: zu diesen Eltern gehörst du, sie sorgen für dich, sie wollen dich ins Leben geleiten, so taufe ich ihn nachher auf den Namen des dreieinigen Gottes zum Zeichen dafür: dein Leben ist geborgen bei Gott. Er will dich dein Leben lang begleiten. Du bist nicht nur das Kind deiner Eltern, du bist auch das Kind Gottes: er will, daß du zu einem eigenständigen guten Leben findest. Und das *Segenswort* nach der Taufformel ist die Bekräftigung: Gott nimmt den Täufling als sein Kind an, sagt »ja« zu ihm.
Die offene Form dieses »Taufgesprächs« läßt viel Spielraum, zur Verdeutlichung auf die jeweilige Situation der »Tauffamilie« einzugehen.
Im Anschluß an dies Taufgespräch erzähle ich die Geschichte von der Kindersegnung (auch Erwachsene, habe ich gemerkt, hören gern eine erzählte biblische Geschichte – in der Regel aufmerksamer als den »nur« vorgelesenen Text!) und schließe daran, zusammenfassend, den Taufbefehl Jesu an.
Meine bisherigen Erfahrungen mit diesem Modell sind gut: der Zusammenhang zwischen Taufansprache, Verpflichtung und Taufe wird durchsichtig, ein persönlicher Bezug zur Taufgemeinde spürbar, und erstaunlicherweise behalten die Erwachsenen die Beiträge ihrer Kinder (und erst in diesem Zusammenhang auch die meinigen!) oft sehr lange.

Zur Taufe im Hauptgottesdienst

Heinz-Dieter Knigge

Seit Jahren schon finden in unserer Gemeinde keine besonderen Taufgottesdienste mehr statt. Getauft wird am 1. Sonntag im Monat – im Hauptgottesdienst. Ich finde, diese Taufpraxis hat gute Gründe. Früher, als wir noch die besonderen Taufgottesdienste im Anschluß an den Hauptgottesdienst hatten, habe ich mich oft gefragt, ob wir nicht dadurch einem Mißverständnis Vorschub leisten, das in unserer volkskirchlichen Situation sowieso verbreitet ist: Taufe als eine Art Geburtsfeier im engsten Familienkreis! Jedenfalls habe ich beklemmende Erinnerungen an jene Zeit: Der Hauptgottesdienst ist zu Ende, die Kirche leert sich, die Gemeinde geht nach Hause. Ein oder zwei Familien kommen und bringen ihr Baby mit, das nun in der fast leeren Kirche getauft werden soll. Die Gemeinde fehlt, in die das Kind doch mit der Taufe auch aufgenommen wird, in die es hineinwachsen soll, in der es auch Glauben lernen und Glauben leben soll. Programmieren wir mit dem vom Hauptgottesdienst abgetrennten Taufgottesdienst nicht selber vor, was wir später dann beklagen: daß das Christenleben, das so begann, auch ebenso weitergeht – ohne sonntäglichen Gottesdienst und ohne Gemeinde?

Kein Zweifel: Die Taufe stiftet und begründet das persönliche Verhältnis des Täuflings zu Gott, indem sie ihn in das Heilsgeschehen einbezieht. Aber dieser individuelle Aspekt darf durch unser kirchliches Handeln nicht privatisiert werden. Taufe gliedert eben auch in den »Leib Christi«, in die als Gemeinde existierende Kirche ein. Der Täufling wird in die Gemeinde »hineingetauft«. Die soteriologische Bedeutung der Taufe darf von ihrer ekklesiologischen Bedeutung nicht getrennt werden – auch durch die kirchliche Praxis nicht.
Allerdings – auch Nachteile sind zu nennen, die bei der Einbeziehung der Taufe in den Hauptgottesdienst unweigerlich entstehen. Ich habe mich auf die Taufe in den besonderen Taufgottesdiensten besser vorbereitet; schon deshalb, weil eine Ansprache zu halten war, die so ausführlich im Hauptgottesdienst einfach nicht mehr unterzubringen ist: Wer wollte der Gemeinde zwei Predigten zumuten? Ich beschränke mich auf ein paar kommentierende Sätze zum Taufspruch. Deshalb befürworten manche Kollegen ja auch besondere Taufgottesdienste: Sie meinen, in diesem Rahmen könne besser seelsorgerlich auf Probleme eingegangen werden, die im Taufgespräch angesprochen wurden – gerade weil die Öffentlichkeit der Gemeinde fehlt und der Prediger im begrenzten Familienkreis deutlicher reden könne und dürfe. Doch auch diese Möglichkeit ist sehr oft eingegrenzt, z. B. wenn zwei oder drei Tauffamilien anwesend sind oder weil ich mir überlegen muß, ob es gut ist, vor den anwesenden Verwandten aufzugrei-

fen, was im Taufgespräch besprochen ist.
Manchmal, selten habe ich allerdings auch gehört, daß Gottesdienstbesucher sagten: »Na, das war ein Abwasch!« Ich habe mich gefragt, wie dieser Eindruck zu vermeiden ist, der sicher das Gegenteil von dem bewirkt, war wir erreichen wollen.

Wir weisen bereits in der *Begrüßung* auf die Taufe hin: möglichst menschlich, herzlich, wenn's geht. Wir stellen den Täufling vor; sagen, daß er vielleicht weinen wird, weil er das laute Orgelspiel nicht mag; daß das sein gutes Recht ist, daß mit den Eltern aber auch verabredet ist, daß das Kind in der Kirche herumgetragen werden kann, wenn die Störung zu groß wird, daß notfalls auch ein Raum da ist, in dem Mutter (oder Vater) und Kind warten können, bis es Zeit zur Taufe ist: meistens ist's völlig unnötig, Störungen finden nicht statt oder halten sich in erträglichen Grenzen.
In der *Predigt* auf die Taufe thematisch einzugehen, gelingt mir nicht immer, aber Hinweise kann ich wohl geben; Signale dafür, daß ich bei dem, was ich sage, auch an den Täufling denke und an die Tauffamilien.
Aber wie die Gemeinde beteilige am Taufgeschehen? Eine ›Tauffrage an die Gemeinde‹? Etwa so, analog zu der Frage an Eltern und Paten: »Ich frage nun auch Sie alle, die Sie hier als christliche Gemeinde versammelt sind:
Wollen Sie diesem Kind (diesen Kindern) unter uns Raum und Heimat geben? Wollen Sie mit dafür sorgen, daß dieses Kind (diese Kinder) Gott als Liebe und als einen Liebhaber des Lebens erfahren? Wollen Sie, daß dieses Kind (diese Kinder) getauft wird (werden), weil es (sie) zu Gott und zu uns gehört (gehören) – so antworten Sie bitte: Ja, mit Gottes Hilfe.«
Ich dachte – nicht sinnlos, so zu fragen und Gemeinde zu verpflichten – angesichts der Kinderfeindlichkeit unserer Gesellschaft z. B. Aber im Kirchenvorstand gab's heiße Diskussionen. Manche meinten, daß das eine »Leerfrage« sei; die Gemeinde würde wohl ja sagen, aber könne im speziellen Fall gar nicht einlösen, was sie versprochen hätte. Ich fand das bedenkenswert. Manchmal stelle ich diese Frage trotzdem (der Kirchenvorstand hat's mir nicht verboten); aber die Tatsache, daß ich's nicht konsequent tue, zeigt auch, daß mich die Bedenken berühren. Gibt es bessere Formen der Beteiligung der Gemeinde am Taufgeschehen?
Ich sage, daß diese Taufe uns an unsere eigene Taufe erinnert. Wir sind getauft. Was heißt das? Was bedeutet es für uns? Ich verlese folgenden Text, der aus Materialien des Burkhardthauses für den Konfirmandenunterricht stammt:
»Ich bin getauft. Damit sage ich: Ich habe einen Vater im Himmel! Ich darf jederzeit zu ihm kommen. Das gilt, auch wenn ich versagt habe. / Das gilt, auch wenn ich durch lange Zeit nichts von ihm habe wissen wollen. / – Ich habe Geschwister auf dieser Erde. / Das sind alle getauften Menschen, / die in der Gemeinde zusammenkommen / auch wenn sie genauso oder schlimmer als ich versagen.

Ich gehöre zur Familie der Kinder Gottes. / – Das Böse hat keine endgültige Macht über mich, / denn Jesus Christus hat es für mich überwunden. / Keine Schuld hat mehr soviel Macht, / daß sie mir die Heimkehr zu Gott versperren könnte. / Der Tod wird mich nicht festhalten. / Christus ist aus dem Tod auferstanden, / und so wird er auch mich durch den Tod hindurchgeleiten / und zu einem neuen Leben führen.«

Da ist die Sache mit der *Taufkerze*. Sie hat sich bewährt, trotz ihres katholischen Ursprungs. Da können sich auch die Kinder unseres Kindergottesdienstes am Taufgeschehen beteiligen. Sie bereiten diese Kerze vor, die dicker und größer ist als eine Haushaltskerze; so daß die Kinder sie bekleben können mit bearbeitetem Wachsplattenmaterial: ein Kreuz, der Vorname des Kindes, das Taufdatum und was ihnen sonst noch einfällt: Sonne, Blumen, Haus und Stern. Und das Kind, das die Taufkerze geschmückt und beschriftet hat, überreicht sie auch während der Taufe, sagt der Gemeinde, was auf der Kerze dargestellt ist, entzündet die Taufkerze an den brennenden Kerzen des Altars und bringt sie zu den Taufeltern. Und der Täufer schlägt vor, die Taufkerze wieder anzuzünden in der Familie, wenn sich der Tauftag jährt; mit dem Kind nicht nur Geburtstag zu feiern, sondern auch den Tauftag etwas festlicher zu begehen. Das Kind wird dann fragen: »Wie war das, als ich getauft wurde?« und später wohl auch: »Warum bin ich getauft?« Und die Eltern könnten zwanglos erzählen – Taufgedächtnis, das die Taufe mit hineinnimmt in den Jahreslauf; das sie bedeutsam machen könnten für das Kind – ein Stück »religiöser Erziehung«, ohne Krampf und Last.
Und noch etwas, das sich bei uns bewährt hat: Im Anschluß an den Gottesdienst laden wir die Gemeinde zusammen mit der Tauffamilie in den Gemeindesaal ein – zu einem *Taufumtrunk,* der meistens nicht länger dauert als 15–20 Minuten. Der Saal ist leergeräumt, nur die lange Tafel mit den Getränken und Gläsern steht da, an der Seite ein paar Tische mit Blumen und Stühle für die älteren Leute, die lieber sitzen mögen. Wir trinken ein Glas Sekt oder Saft miteinander, und vor jedem Schluck werden Wünsche, Hoffnungen ausgesprochen: für den Täufling, die Eltern, die Paten, die anwesenden Geschwister, die Großeltern, aber auch für die Gemeinde, für Kinder in aller Welt – und im Zusammenhang damit werden auch Stammbuch und Patenbriefe überreicht.
Man bleibt noch beieinander, solange man mag, spricht mit der Tauffamilie, kleine Gruppen bilden sich. Und fast jedesmal möchte das Kind aus dem Kindergottesdienst, das die Taufkerze geschmückt und vorbereitet hatte, das Baby genau begucken, für das die Kerze bestimmt war. Und manchmal laden die Eltern das »Kerzenkind« ein, das Baby auch zu Hause einmal zu besuchen: Kontakte entstehen zwischen Menschen, die sich vorher nicht kannten.
Daß Taufe verbindet, auch die Getauften untereinander, daß Taufe eingliedert in die Gemeinde, wird so erfahrbar im menschlichen Miteinander.

Taufe mit Symbolen; Anregungen

Rolf Heinrich

Zum Taufgespräch

In der Regel erlebe ich in Taufgesprächen mit Eltern und Paten, daß Eltern ihr Kind taufen lassen, weil es so üblich und Tradition ist, weil sie selbst getauft sind und weil sie Angst haben, daß ihr Kind später einmal Nachteile im Kindergarten und in der Schule haben könnte, wenn es nicht getauft ist. Eltern, die eine Konfirmandentaufe erlebt haben, möchte ihren Kindern diese – wie sie es empfunden haben – peinliche Erfahrung ersparen. Oft wird die Taufe auch als Zulaßbedingung für die Teilnahme an der Konfirmation, für eine kirchliche Trauung und für die Beerdigung (»wenn dem Kind etwas passiert«) verstanden. Selbst wenn Eltern ihr Kind nicht taufen lassen wollen, weil sie es selbst entscheiden lassen wollen, welcher Konfession es angehören will, beugen sie sich oft dem Druck der Großeltern und Verwandten, für die die Taufe als Tradition selbstverständlich ist (»was soll ich deswegen Krach mit der Familie auf mich nehmen, das lohnt sich nicht, und schaden kann die Taufe ja nicht«). Nur selten ausgesprochen, aber vielfach virulent ist die Wunschvorstellung, das getaufte Kind sei behüteter als ein nicht getauftes. (Das spiegelt sich wider in dem auch heute noch zu hörenden Ausspruch von Großmüttern: »Was? Du gehst mit dem Kind spazieren. Obwohl es noch nicht getauft ist?«)
Auch die kirchliche Taufe selbst ist für Eltern angstbesetzt (»Hoffentlich schreit unser Kind nicht«).
Aufgrund dieser Ausgangssituation werden an die Taufhandlung bescheidene Ansprüche zu stellen und Ziele behutsam zu formulieren sein.
Dem korrespondiert, daß Jesus im Kinderevangelium (Mk. 10,13–16) nicht Ängste verstärkt, auch nicht idealistisch überhöhte Erwartungen von Erwachsenen formuliert, sondern realistisch Kindern Hoffnung zuspricht. Das Reich Gottes wird den Kindern zugesprochen, die zur Zeit Jesu vom Hunger und der Armut der Eltern am ehesten betroffen waren. Ihre Not und ihr Leiden stellt sie auf eine Stufe mit Armen, Kranken, Zöllnern und Dirnen. Das Reich Gottes wird den Kindern zugesprochen. So wie es den Armen verheißen wird (Mk. 10,14 vgl. Mt. 5,3). Jesus berührt die Kinder (Mk. 10,16), so wie er Kranke und Besessene berührt und heilt. Die wirkliche Situation und die reale Not der Kinder ist die Grundlage der Verheißungen Jesu. Indem Jesu die Kinder berührt, umarmt und segnet, nimmt er sie in die *Gemeinschaft* auf und will dadurch ihr Leiden aufheben. (Vgl. Mk. 9,36f.: vgl. dazu: E. Stegemann, Lasset die Kinder zu mir kommen.

Sozialgeschichtliche Aspekte des Kinderevangeliums, in: Traditionen der Befreiung, Bd. 1, München, 1980). Ziel des Taufgespräches mit Eltern und Paten und der Taufe selbst ist es, eine *Gemeinschaft von Erwachsenen und Kindern* erleben (oder realistischer: erahnen) zu lassen, in der Ängste beim Namen genannt, Hoffnungen und Befürchtungen ausgesprochen werden können und Eltern sich im Zusammenleben mit ihren Kindern unterstützt wissen von anderen Menschen (Paten, Gemeinde).
Im Taufgespräch kann dazu auch gehören, die in den Kirchenordnungen verankerte Konfessionszugehörigkeit der Paten im Sinne Jesu aufzuheben. Es kann nicht im Sinne Jesu sein, von den Eltern zu verlangen, daß dem Gesetz Genüge getan wird und zumindest ein Pate evangelisch sein muß, wenn Eltern nur katholische Freunde haben, denen sie vertrauen.
Wenn Eltern, Paten und die Gemeinde in der Taufe Gemeinschaft erahnen, werden sie (so hoffe und wünsche ich) ihren Kindern später von der Taufe erzählen. Das wird aber nur gelingen, wenn die Eltern sich an die Taufe erinnern. Die Erinnerung wird erleichtert, wenn ein Symbol Worte und Handlung der Taufe begleitet.

Taufe im Kinder- oder Hauptgottesdienst (mit Kindern)

Folgende, in biblischer Tradition verankerte Symbole bieten sich für Taufen im Kinder- und Hauptgottesdienst an:

Wasser (Joh. 4,14f.; Mk. 4,35–41; Offb. 21,6; vgl. dazu Anregungen und Bausteine in: Gottesdienste mit Kindern für ein Jahr, Materialhefte der Beratungsstelle für Gestaltung von Gottesdiensten, Frankfurt, Heft 39/1983).

Licht (Psalm 36,10; Lk. 2,32; Joh. 8,12; Joh. 3,19–21; 1. Joh. 1,5; Offb. 21,23).

Baum (Jer. 17,7f.).

Erde (1. Mose 8,22).

Diese Symbole können auch zu bestimmten kirchlichen Zeiten und Festen eingesetzt werden: Licht (Ostern, Weihnachten), Wasser und Erde (Erntedank), Baum (Mt. 21,18–20: Buß- und Bettag, Friedensgottesdienste). Die Symbole und ihre Bedeutung werden im Taufgespräch mit den Eltern besprochen, und gemeinsam wird ein Symbol ausgesucht, das die Taufe dann inhaltlich prägt.
Die Eltern bekommen während des Gottesdienstes das Symbol, für das sie sich

entschieden haben, geschenkt: ein Tütchen mit Erde, an das ein Zettel geheftet ist, auf dem ein Regenbogen gezeichnet ist, unter dem Regenbogen steht 1. Mose 8,22; ein Fläschchen mit Wasser; eine kleine Geburtstagskerze; gemeinsam wird ein Baum auf das Gelände der Gemeinde gepflanzt.

Begrüßung 1 (zum Symbol Licht)

Wenn ein Kind geboren ist, dann sagen Menschen von ihm: Es erblickt das Licht der Welt. Sie sagen nicht: Es erblickt die Dunkelheit, die Finsternis, obwohl sie wissen, daß es neben der Tagseite auch die Nachtseite im Leben gibt: Dunkles, Unrecht, Leiden und Not. Trotzdem sagen Menschen: Ein Kind erblickt das Licht der Welt. Damit wollen sie ausdrücken, daß sie auf das Leben setzen, daß sie das Leben für stärker halten als die Finsternis.
Ich wünsche den Eltern und allen, die Verantwortung tragen werden für das Kind N. N., das heute getauft wird, daß sie das Licht für stärker halten als die Finsternis und nicht daran zweifeln, daß der dunkelsten Nacht ein heller Tag folgt.

Hände reichen. Fassen Sie die Hand Ihres Nachbarn an. Suchen Sie eine rechte und linke Hand. Wir reichen uns die Hände, weil in den Händen unser Leben zu spüren ist. Der Puls schlägt in der Hand. Wenn ich einem Menschen die Hand reiche, dann wünsche ich mir, an seinem Leben teilzunehmen.
Während Sie die Hand Ihres Nachbarn festhalten, spreche ich aus, was ich für uns hoffe und wünsche:
Jesus, du bist das Licht der Welt. Ich finde dich im Kleinsten und Schutzbedürftigsten, was es auf der Erde gibt: im eben geborenen Menschenkind. Ich suche dich in den Menschen, in meiner Nähe. Ich suche dich in den Menschen, denen ich begegne, und ich wünsche mir, daß ich mich anrühren lasse von dem, was sie betroffen hat, was sie denken und fühlen, erwarten und befürchten.
Oder, während Menschen sich an den Händen halten:

Ich gebe dir die Hände
und schau dir ins Gesicht
und daß wir so verschieden sind
das stört uns wirklich nicht
die Großen und die Kleinen
die sich sonst kaum gekannt
die sehen und erkennen sich
und stehen Hand in Hand
wir bauen eine Brücke
vom Mensch zum Menschen dann
mit Liebe und mit Zuversicht
vertraue dich mir an.

Begrüßung 2 (zum Symbol Baum)

Liebe Eltern, Sie haben zur Taufe Ihres Kindes N. N. als Zeichen Ihrer Hoffnung einen Baum ausgesucht, den wir in diesem Gottesdienst gemeinsam pflanzen werden.
Fassen Sie die Hand Ihres Nachbarn ... (s. o.).
Während Sie die Hand Ihres Nachbarn festhalten (s. o.).
Glücklich sind wir, wenn wir uns gegenseitig stützen und tragen, wenn wir unseren Kindern Raum geben und Freiraum gewähren, wenn wir für uns und unsere Kinder diese Erde erhalten, damit sie unsere Wohnung bleibt. Dann sind wir wie Bäume, die am Wasser gepflanzt sind. Dann sind wir wie Bäume, die ihre Wurzeln zum Bach hinstrecken, und wenn die Hitze kommt, dann fürchten wir uns nicht, denn unsere Blätter bleiben grün, und wir sorgen uns nicht, wenn ein dürres Jahr kommt, sondern bringen Früchte ohne aufzuhören (nach Jer. 17,7f.).

Lied: Kind, du bist uns anvertraut (nach der Melodie: Liebster Jesu wir sind hier, EKG 151)
oder Lied: zu dem getanzt wird und die im Lied vorkommenden Bewegungen mitgemacht werden: *Wir singen vor Freude,* (Eckart Bücken/Peter Janssens, Kinderbeatmesse »Fünf Brote und zwei Fische«).

oder Lied (zum Symbol Licht): Wir können im Dunkeln nicht leben

Wir können im Dunkeln nicht leben.
Wir können im Dunkeln nicht sein.
Wir wollen ein Licht anzünden,
dies Licht soll uns alle erfreun.
Wir schenken das Licht nun dem andern:
und freuen uns darüber sehr.
Bei jedem Licht wird es heller,
bei jedem Licht strahlt es dann mehr.
(Melodie: H. Neubauer, Verlag religionspädagogische Arbeitshilfen, Gaußstr. 8, 83 Landshut)

oder EKG 337; EKG 353

oder Lied (zum Symbol Baum): Kommt, wir pflanzen den Hoffnungsbaum

Kommt, wir pflanzen den Hoffnungsbaum!
Kommt! Kommt! Kommt!
Die Wurzeln, die Wurzeln,
das sind Gedanken und Träume,
die greifen, die wachsen

gegen den Eissturm, die Angst.
Refr.: Der Baum, der nicht bricht,
unter dem Gott wohnt,
der Baum Fürchte-dich-nicht!
Der Baum Fürchte-dich-nicht!
Kommt, wir pflanzen den Hoffnungsbaum!
Kommt! Kommt! Kommt!
Die Blüten, die Blätter,
das sind unser Lachen und Lieder –
die blühen, die grünen
gegen den Nachtwind, die Angst.
Ref.: Der Baum, der nicht bricht ...
Kommt, wir pflanzen den Hoffnungsbaum!
Kommt! Kommt! Kommt!
Die Äste, die Zweige,
das sind Gespräche und Gebete –
die treiben, die steigen
gegen den Wirrwind, die Angst.
Ref.: Der Baum, der nicht bricht ...
(Melodie: Menschenkinder, Am Hagen 5, 44 Münster)
oder EKG 371, 1, 2, 13

Taufansprache 1 (zum Symbol Licht): »Das kleine Licht«

Möglicher Anfang
Ich habe hier eine ganz kleine Kerze auf einen großen Leuchter gestellt. Es ist die kleinste Kerze in der Kirche. Wie groß sind dagegen die Kerzen auf dem Altar. Meine kleine Kerze wird nicht lange brennen, sie ist nur ein ganz kleines Licht – ganz unbeutend – es kann unsere Kirche kaum heller machen, als sie vorher war. Das sagen Menschen manchmal zueinander: du bist ein ganz kleines Licht! Und dann meinen sie: Du bist unbedeutend und klein, bilde dir bloß nichts ein. Und doch kann so ein ganz kleines Licht sehr wichtig sein: in einem Keller zum Beispiel, wo es ganz dunkel ist – da bedeutet so ein kleines Licht sehr viel. Menschen legen schützend ihre Hand um das kleine Licht, damit es nicht von einem Luftzug ausgeblasen wird.
Ein kleines Licht – und doch ein Zeichen der Hoffnung in der Dunkelheit.
Unsere Kinder schlafen nachts nur ein, wenn in der Steckdose ein kleines Lämpchen brennt. Solange allerdings meine Frau oder ich abends im Kinderzimmer sind, eine Gute-Nacht-Geschichte lesen oder manchmal neben ihnen im Bett liegen und ihnen den Rücken kraulen, fragen sie nicht nach dem Licht. Erst wenn wir das Zimmer verlassen und sie allein sind, wollen sie, daß das

kleine Licht leuchtet. Ich entdecke, daß Eltern ihren Kindern ein Licht sein können, sie wärmen, ihnen Geborgenheit schenken, ihnen leuchten können. Manchmal ist es nicht so wichtig, leuchtendes Vorbild zu sein, zu sagen »Hab doch keine Angst, ich fürchte mich ja auch nicht«, sondern eher das kleine Licht sein, Eltern, die Kindern das Gefühl geben: Wir lieben dich, wie du bist.
Jesus wird das Licht der Welt genannt, und ich entdecke, daß er mir begegnet im Kleinsten und Schutzbedürftigsten, im Ohnmächtigsten, den Starken ausgeliefert.

Zum weiteren Verlauf
Wie können Eltern Kindern leuchten? Wie kann ich das? Ich habe nach der Geburt unseres dritten Kindes einmal meine *Gedanken und Fragen* dazu aufgeschrieben. Ich hoffe, daß Sie, liebe Eltern, sich in diesen sehr persönlichen Gedanken wiederfinden. Werde ich mehrere Kinder gleich lieben können, so verschieden sie auch sind, oder habe ich als Vater das Recht, ein Kind mehr zu lieben als das andere? Ich erinnere mich, wohin das führen kann. Joseph wird von eifersüchtigen Brüdern in den Brunnen geworfen, weil sein Vater ihn mehr liebt als seine Brüder. Soll ich mich verstellen und so tun, als ob ich die Kinder gleich stark liebe? Liebe ich jedes Kind, so wie es ist? Muß ich mir das nicht vornehmen?
Warum will ich mich in der neuen Tochter wiederfinden, schon in ihrem äußeren Erscheinungsbild? Warum ist es mir so viel wert, wenn meine Frau sagt: »Sie hat genau deine Hände und deine Augen«, und wenn die Oma sagt: »Sie hat den Mund und die Nase der Mutter«?
Werde ich mich dagegen wehren können, dieses Kind als Besitz zu betrachten? Ich war glücklich, als ich sah, wie unser Sohn seine kleine schlafende Schwester im Arm hielt, an ihr roch und dabei ganz tief aus- und einatmete.
Wird dieses Kind mich lieben, wenn es erlebt, wie laut der Vater schreien kann, wie unausgeschlafen, wie nervös und ungerecht er sein kann, wenn er gestreßt ist? Wird die andere Seite meines Wesens überwiegen? Werde ich es meiner Tochter übelnehmen, wenn ich vielleicht erfahren muß, daß sie lieber neben meiner Frau im Bett schläft als neben mir?
Werde ich es ihr übelnehmen, wenn sie meine Zärtlichkeit einmal zurückweisen wird: »Jetzt will ich aber von dir nicht geküßt oder geknubbelt werden.«? Werde ich ihr recht geben können, wenn sie mich kritisiert, so wie unsere ältere Tochter einmal sagte: »Ihr wollt immer, daß wir tun, was ihr wollt, ihr tut aber fast nie, was wir wollen.«? Werde ich mich bei meinen Kindern entschuldigen können, sofort, wenn ich etwas falsch gemacht habe? Ich will es mir vornehmen, auch zu ihr sagen zu können: »Du, es tut mir leid, wie ich mich dir gegenüber verhalten habe.«
Werde ich es lernen, ohne Erpressungen und Drohungen auszukommen? Ich ertappe mich dabei, daß ich viel zu oft sage: »Wenn du dich jetzt nicht endlich

wäschst, dann darfst du nicht zur Oma.« – »Wenn du nicht endlich den Finger aus dem Mund nimmst, dann mußt du ins Bett, um dich auszuschlafen.«
Werde ich dieses Kind schützen können vor der Flut von Spielzeug und Konsum oder werde ich darauf vertrauen können, daß es schon aussuchen und selbst entscheiden kann, so daß ihm das Spielen in selbst gebauten Buden aus Dekken wichtiger ist als die sprechende modische Puppe, die sogar Pipi machen kann. Werde ich dieses Kind – bewußt oder unbewußt – prägen können, daß es nicht im Konsum erstickt?
Werde ich diese Tochter loslassen können, wenn sie ihre eigenen Wege geht? Werde ich sie noch annehmen und lieben können, wenn sie nicht so wird, wie ich es mir wünsche?
Ich wünsche mir, daß meine Kinder erleben, daß wir versuchen, glaubwürdig zu leben, daß wir nicht anders leben, als wir reden; oder aber daß wir es zugeben können, wenn es uns nicht gelingt, so zu leben, wie wir es eigentlich möchten. Ich wünsche mir, daß unsere Kinder entdecken und erfahren, was ihren Eltern wichtig ist. Ich wünsche mir – und zwar nicht nur, weil ich Pastor bin –, daß unsere Kinder erleben, was es heute heißt, als Christ zu leben.
Jesus haben die Menschen im Laufe der Jahrhunderte viele Namen und Beschreibungen gegeben: Sohn Gottes, Friedefürst, König, Herrscher, Heiland. Ein Name ist mir wichtig: Menschensohn. Es geht darum, menschlich, menschenwürdig zu leben. Es geht darum, diese Erde für uns und unsere Kinder zu erhalten, daß auch die Generationen nach uns glücklich und in Frieden leben können. Ich hoffe und wünsche, daß wir diese Verantwortung sehen, jeder nach seinen Kräften und Fähigkeiten, keiner sollte sich dabei überfordern oder zuviel zumuten müssen.

Taufansprache 2 (zum Symbol Baum): »Wir können Bäumen gleichen«

Möglicher Anfang
Ich wünsche Ihnen, liebe Eltern, daß Ihr Kind wachsen kann wie ein Baum. Ein Baum, den wir gepflanzt haben, braucht Luft und Sonne, Wasser und Pflege. Wenn der Boden schlecht ist, wenn ein Baum im Hinterhof steht, kein Licht und keine Sonne bekommt, dann geht er ein. Wenn die Luft schmutzig ist, auch dann stirbt der Baum. Wenn ein Obstbaum keine guten Früchte trägt, dann liegt es vielleicht am Boden, der nicht gedüngt und gelockert ist. Der Baum gibt Schatten, wenn wir ihn brauchen, im Sommer. Im Winter und Frühjahr läßt er die Sonne hindurch. Er schützt vor Wind, er schluckt den Staub, er gibt Sauerstoff und befeuchtet die Luft. Er braucht keinen Strom, er wird jedes Jahr schöner und wächst. In einer Stadt in der es keinen Platz mehr für Bäume gibt, ist auch kein Platz für Kinder mehr.

Zum weiteren Verlauf

Alternativen:

1. »Die Geschichte vom Baum erzählen«, aus: Heinz Körner (Hrsg.), Eifersucht. Ein Lesebuch für Erwachsene, Fellbach, 1979

2. Gleichnis vom Feigenbaum erzählen (Lk. 13,6–9)

3. Ein Baum wird mit Stamm und Ästen auf eine große Papierbahn gemalt. Kinder zeichnen Umrisse ihrer Hände als Blätter an die Äste des Baumes und schreiben in diese Blätter ihre Kinderwünsche, die sie nicht mit Geld kaufen können.

4. Gemeinsam wird gesprochen:
Ein Baum ist schön und wie ein Zeichen.
Wir Menschen können Bäumen gleichen.
Die Wurzeln greifen tief nach innen,
um Halt im Erdreich zu gewinnen.
Sie trotzen jedem Wind und Wetter
und tragen Stamm, Geäst und Blätter.
Wenn wir miteinander verbunden leben,
dann können wir uns Halt und Stärke geben.
Ein Baum am Wasser kann gedeihen,
hat frisches grünes Laub zum Freuen.
Er blüht und öffnet sich dem Lichte
und bringt zu seiner Zeit viele Früchte.
Wenn wir mit Jesus verbunden leben,
wenn wir ihm folgen nach,
wird er uns Frucht und Freude geben.
Ein Baum ist schön und wie ein Zeichen.
Wir Menschen können Bäumen gleichen.
(nach D. Block, Lied nach Psalm 1, bisher unveröffentlicht)
Wir wünschen uns und unseren Kindern und allen Kindern dieser Erde, daß sie wachsen und gedeihen können, daß wir und sie genug Platz und Wärme, Licht und Wasser haben, daß wir sie pflegen, damit sie groß und stark werden, und daß keiner von uns als zu klein und unbedeutend angesehen wird.
Und die Bäume klatschen in die Hände und die Berge brechen in Jubel aus. Denn du gehst mit uns in Frieden, und mit Freuden gehen wir unseren Weg.

Glaubensbekenntnis (im Wechsel gesprochen):
Einer: Ich werde nicht glauben

ans Haben und Behalten, an Unfrieden und Krieg,
an geballte Fäuste.
Alle: Ich will glauben ans Schenken und Empfangen,
ans offene Reden und Verzeihen,
ich glaube an geöffnete Hände.
Einer: Ich werde nicht glauben, daß Menschen besser sind,
weil sie mehr verdienen, schöner wohnen,
geschickt und klug sind.
Alle: Ich will glauben, daß Menschen besser sind,
weil sie sich kümmern um ihre Mitmenschen.
Einer: Ich werde nicht glauben an Mauern, Grenzen und Rassen.
Alle: Ich will glauben an freie Länder, offene Häuser,
gastfreie Menschen in allen Farben des Regenbogens.
Einer: Ich werde nicht glauben an ein unglückliches Ende,
alles verschmutzt und verbraucht.
Alle: Ich will glauben an einen neuen Anfang,
wo alles geheilt und gleich verteilt ist.
Einer: Ich werde nicht glauben an die Angst zu sterben.
Alle: Ich will glauben an die Freude zu leben mit vielen.
Einer: Ich werde nicht glauben an einen Geist,
der uns voneinander trennt.
Alle: Ich will glauben an den Geist Jesu
der Menschen zusammenführt, bis alles vollendet ist.
Amen

Einleitung der Taufhandlung

Sie, liebe Eltern und Paten, werden jetzt versprechen, daß Sie alles tun wollen, was in Ihrer Kraft und Macht steht, damit N. N. ein glücklicher und verantwortlich denkender Mensch wird.
Sie haben sich über die Geburt Ihres Kindes gefreut, und wir möchten uns mit Ihnen freuen.
Wir, die wir die Geburt Ihres Kindes mitfeiern, bemühen uns, daß Sie in dieser Gemeinde Menschen finden, mit denen Sie Ihre Hoffnungen und Ängste teilen können, die versuchen, Sie nicht allein zu lassen, wenn Sie das wollen.
Wir wünschen, daß N. N. – wenn es größer wird und heranwächst – immer Freunde und eine Gemeinschaft von Menschen findet, mit denen es Freude und Leid teilen kann. Darum werde nicht ich allein Ihr Kind taufen, sondern Kinder oder Erwachsene aus der Gemeinde werden mittaufen. Damit drücken wir unsere Sehnsucht nach einer Gemeinschaft im Sinne Jesu aus.
Eltern, Paten, Großeltern und Kinder treten um das Taufbecken.

Frage an Eltern und Paten
Versprechen Sie, daß Sie alles tun werden, was in Ihrer Kraft und Macht steht, damit N. N. ein glücklicher und verantwortlicher Mensch wird?

Alternative: (im Wechsel gesprochen)
Alle: Wir vertrauen auf die Macht des Friedens und der Liebe.
Pastor: Wir hören, worum Kinder bitten:
Die Häuser sollen nicht brennen. Bomber soll man nicht kennen.
Alle: Wir vertrauen...
Pastor: Die Nacht soll für den Schlaf sein.
Das Leben soll keine Straf' sein.
Alle: Wir vertrauen...
Pastor: Die Mütter sollen nicht weinen.
Keiner soll töten einen.
Alle: Wir vertrauen...
Pastor: Alle sollen was bauen.
Da kann man allen trauen.
Alle: Wir vertrauen...
Pastor: Die Jungen sollen's erreichen
Die Alten desgleichen
Alle: Wir vertrauen...
(»Bitten der Kinder« von B. Brecht)

So taufen wir nun dieses Kind und hoffen, daß unser Glaube sich bewährt. Pfarrer und zwei Kinder (Erwachsene) begießen jeweils einmal den Kopf des Kindes mit Wasser.
Pastor: N. N. wir taufen Dich im Namen des Vaters und des Sohnes und des heiligen Geistes.

Zusage und Segenswort

Bibelwort zum Symbol (s. o.)
oder: Jesus ist das Haus, das dich schützt,
der Weg, der ins Freie führt,
der Freund, der ehrlich bleibt,
das Lachen, das verbindet,
das Weinen, das befreit.

Jesus segne Sie,
das Lachen Ihrer Kinder begleite Sie,
für andere sei Ihre Tür offen,
dann werden Ihre Kinder gerne nach Hause kommen

und sie werden Freunde haben.
(Zusage und Segenswort nach: Gottesdienst menschlich, hrsg. F. K. Barth, Wuppertal, 1973)

Lied: 152, 1+2 EKG
oder: Allein können wir nicht leben.
Allein sind wir klein.
Drum hat uns Gott die Eltern gegeben,
Begleiter ins Leben zu sein.
Allein können wir nicht leben:
Allein geht es nicht.
Drum hat uns Gott Geschwister gegeben:
es spielt jemand mit uns und spricht.
Allein können wir nicht leben.
Allein wird uns bang.
Drum hat uns Gott die Freunde gegeben,
Wir ziehen gemeinsam am Strang.
Allein können wir nicht leben.
Allein sind wir schwach.
Drum hat uns Gott Gemeinschaft gegeben,
sie stärkt uns und rüttelt uns wach.
(in: M. G. Schneider, Sieben Leben möcht ich haben. Neue Lieder für Schule, Gemeinde und Familie, Lahr, 1975)

Überreichen des Symbols an die Eltern

Alternativen

1. Licht. Ein Kind entzündet eine kleine Geburtstagskerze an einer Altarkerze und bringt sie den Eltern und sagt: Dieses kleine Licht schenkt Wärme und leuchtet in der Finsternis. Jesus ist das Licht der Welt.
Gemeinsam gesungen oder gesprochen: Tragt in die Welt ein Licht, sagt allen: Fürchtet euch nicht ... (Text und Melodie in: ZGP 6/1983)

2. Baum. Wir pflanzen einen Baum
Die Gemeinde zieht auf eine Wiese oder ein Gelände neben der Kirche. Der Gottesdienst endet dann im Freien.
Während der Baum eingepflanzt wird, wird folgender Text vorgelesen:
Kommt, pflanzt einen Baum, der Schatten wirft, lad' viele Tiere ein und füttere sie bei unserem Baum, laß sie dort munter spielen, wo keiner sie in Kreise sperrt.
Kommt, pflanzt einen Baum, der Schatten wirft, lad' viele Kinder ein, versammelt sie bei unserem Baum, laß sie dort fröhlich tanzen, wo keiner ihre Kreise stört.

Kommt, pflanzt einen Baum, der Schatten wirft, lad viele Alte ein, bewirte sie bei unserem Baum, laß sie dort frei erzählen von Kreisen, die ihr Leben zog. Begieß mit mir diesen Baum, dann wird die Freude wachsen, weil unser Leben Kreise zieht.

3. Erde. Sie, liebe Eltern und Paten, und die, die mitgetauft haben, bekommen jetzt eine Tüte mit Erde unseres Stadtteils. Jeder von Ihnen hat ein Stückchen Erde in der Hand. Aber Sie haben es in der Hand, was aus unserer Erde wird. Wie werden wir dieses Stückchen Erde unseren Kindern weitergeben? Wie wird die Erde sein, wenn sie in die Hände der Kinder gelegt wird? Wird sie frisch und kräftig sein oder wird sie zubetoniert, ausgebeutet und vergiftet sein? Jeder von uns hat ein Stückchen Erde in der Hand, auch wir haben es in unserer Hand, was aus der Erde wird. Mit all unserer Kraft, mit unserem ganzen Verstand und unserem Herzen wollen wir diese Erde für unsere Kinder bewahren und sie lieben, so wie Jesus uns liebt.
Ich wünsche Ihnen und uns allen, daß für uns gilt, was als Bibelwort unter dem Regenbogen auf dieser Tüte mit Erde steht:
»Solange die Erde steht, soll nicht aufhören Saat und Ernte, Frost und Hitze, Sommer und Winter, Tag und Nacht.«

Erinnerungsblatt für die Eltern

Zur Erinnerung an den Tag der Taufe haben wir ein Din-A-4-Blatt gedruckt, auf dem das Picasso-Bild »Kind mit Taube« zu sehen ist. Neben diesem Bild steht der Text eines Kindermutmachliedes. Unter Bild und Liedertext steht: Wir haben am ... die Taufe von N. N. in der ... Kirche mitgefeiert. Hier unterschreiben dann zum Schluß des Gottesdienstes am Ausgang alle Gottesdienstbesucher.(Das nimmt zwar einige Zeit in Anspruch, ist aber zugleich Gelegenheit zum Gespräch, wenn eine Tasse Kaffee dazu gereicht wird).

Vaterunser (mit Eltern, Paten und Kindern) im Kreis um den Altar. Alle fassen sich an den Händen und singen.

Lied »Wir wünschen Herr ...«
Alle sprechen: Wir wünschen, Herr, daß jedes Kind auf der Welt, daß jedes Kind lachen kann.
Alle singen: Wir singen diesen Wunsch, bis er sich erfüllt, bis er sich erfüllt, bis er sich erfüllt für euch und auch für uns.
Alle sprechen: Wir wünschen, Herr, daß jeder Mensch auf der Welt, daß jeder Mensch Freunde hat.
Alle singen: Wir singen diesen Wunsch ...
Alle sprechen: Wir wünschen, Herr, daß jedes Volk auf der Welt, daß jedes Volk Frieden hat.
Alle singen: Wir singen diesen Wunsch ...

Briefe an Taufeltern und Paten

1.
Sie möchten Ihr Kind taufen lassen. Wir, die Pastoren Ihrer Kirchengemeinde in Schneverdingen, heißen Sie dazu herzlich willkommen und möchten Ihnen auch auf diese Weise zur Geburt Ihres Kindes gratulieren.
»Jedes Kind ist ein Zeichen dafür, daß Gott die Lust am Menschen noch nicht verloren hat.« So hat ein Philosoph es einmal ausgedrückt, daß wir neben aller Kunst der Ärzte und Hebammen, bei aller Familienplanung und Aufgeklärtheit vor allem auch GOTT als dem Schöpfer allen Lebens danken können.
Wohl jeder, der eine Geburt miterlebt hat, kann eigentlich nur staunen über dieses Wunder des Lebens.
Mit der TAUFE vollziehen Sie nun für Ihr Kind einen ersten, recht entscheidenden Schritt in eine Kirche hinein, die sich diesem Gott verbunden weiß.
Bevor nun der »große Tag« kommt, möchten wir Ihnen auf diese Weise schon einige Hinweise geben, die Ihnen hilfreich sein können.
Einige Tage vor dem Taufsonntag, in der Regel am Donnerstag vorher (siehe bitte rechts unten), findet das sogenannte *Taufgespräch* statt. Zusammen mit dem Pastor, der Ihr Kind taufen wird, sollen an diesem Abend verschiedene Dinge besprochen werden: der Ablauf des Taufgottesdienstes, die Aufgaben von Eltern und Paten – aber z. B. auch die Frage, warum Sie Ihr Kind überhaupt taufen lassen oder was denn für Sie eigentlich christliche Erziehung bedeutet.
Es wäre schön, wenn Sie selber sich vorher einige Fragen oder Diskussionspunkte überlegen oder gar vorher schon einmal in Ihrer Familie bereden. Um so interessanter wird dann das Taufgespräch! Bei diesem Taufgespräch sollten Sie als Eltern auf jeden Fall dabeisein; falls die Paten nicht zu weit entfernt wohnen, wäre es schön, wenn auch sie an dem Abend teilnehmen.
Die Paten benötigen, soweit sie nicht aus unserer Kirchengemeinde stammen, einen *Patenschein.* Das ist eine Bescheinigung, daß sie getauft, konfirmiert, nicht aus der Kirche ausgetreten sind und somit im Besitz des Patenrechts sind.
Den Patenschein erhält man im zuständigen Pfarramt. Selbstverständlich kann auch jemand, der zu einer anderen evangelischen Landeskirche, zur römisch-katholischen Kirche oder zu einer evangelischen Freikirche gehört, Taufpate sein. Aus verständlichen Gründen sind jedoch aus der Kirche Ausgetretene sowie Mitglieder sogenannter Sekten (z. B. Neuapostolische oder Zeugen Jehovas) nicht zum Patenamt in unserer Kirche zugelassen. Bei bzw. nach der Taufe Ihres Kindes bekommen Sie für Ihr Kind eine *Taufurkunde.* Bewahren Sie diese bitte sorgfältig auf, weil Sie dieses Dokument noch einige Male benötigen werden, zum Beispiel bei der Schulanmeldung oder bei der Anmeldung zum Konfirmandenunterricht – wenn es bis dahin auch noch einige Zeit dauert ...
Falls Sie eine *Eintragung der Taufe Ihres Kindes in Ihr Familienstammbuch*

wünschen, müßten Sie dieses bitte in unserem Kirchenbüro abgeben und dort auch wieder abholen.
Wir wünschen Ihnen, daß der Tag der Taufe Ihres Kindes für Sie ein besonderer Tag wird, daß Sie auch über diesen Tag hinaus viel Freude aneinander haben und daß der Besuch der Kirche, Ihrer Kirche, aus Anlaß der Taufe nicht der letzte für lange Zeit ist!
Auf ein Wiedersehen freut sich
Ihr
Michael Schwekendiek

2.
Liebe Eltern und Paten!

Sie haben Ihr Kind zur Taufe angemeldet. Sie wissen wahrscheinlich aus eigener Erfahrung, welche Schwierigkeiten es uns heute bereitet, die Taufe zu verstehen.
Was soll das Wasser? Was heißt »Taufe auf den Namen des Vaters und des Sohnes und des Heiligen Geistes«? Taufen wir, weil es üblich ist?
Sie werden mit mir einer Meinung sein, daß man wissen sollte, was man tut. Ich lade Sie deshalb ein zu einem Gespräch über die Taufe und ihre Bedeutung.
Dabei mögen folgende Überlegungen Grundlage für unser Gespräch sein: Ihr Kind wird auf den Namen des Vaters und des Sohnes und des Heiligen Geistes getauft. Für uns bedeutet dies Taufe auf den Namen Jesus Christus; denn nach ihm nennen wir uns Christen, weil Menschen vor uns sowie wir selbst durch ihn die Zuwendung Gottes erfahren haben.
Durch die Eintragung in das Geburtsregister erhält Ihr Kind den Namen Ihrer Familie: es wird in die Familie aufgenommen. Durch die Taufe auf den Namen Jesu Christi wird Ihr Kind in die Kirchengemeinde aufgenommen.
Beides geschieht ohne die Zustimmung des Kindes. Deshalb muß es später sich persönlich für diese Aufnahme entscheiden, es muß Stellung beziehen in Kirche und Familie. Daher zielt die Erziehung darauf, daß die Zugehörigkeit zu Familie und Kirchengemeinde nicht allein auf Namensgleichheit, sondern auf tieferen Bindungen und Einsichten beruht.
Wer sich bei dieser Aufgabe beteiligen will, muß miteinander reden, damit Ihr Kind zu einer späteren Antwort auf Ihre Entscheidung als Eltern und Paten befähig wird.
In diesem Sinne freue ich mich auf ein Gespräch mit Ihnen, den Eltern und Paten, und grüße Sie

Ihr *Ulrich Kosfeld*

3.

Wie Axel und Marina Schm. überlegen, ob sie ihr Kind taufen lassen

Jetzt haben die Eheleute Axel und Marina Sch. ein Kind bekommen. Einige Jahre schon sind sie verheiratet, aber jetzt wollten sie ihr Kind, jetzt, nachdem die Wohnung ihren Vorstellungen entsprach und sie zwei schöne Reisen erlebt hatten. Jetzt war Marina auch bereit, für längere Zeit aus ihrem Beruf auszuscheiden, wenn auch das gute Gehalt fehlen würde, und die Freundschaft zu den Kollegen und das Gefühl, für andere Menschen wichtig zu sein und nicht nur für Axel. Aber jetzt ist das Kind da, ein Sohn. Matthias soll es heißen.
Natürlich fragte die Verwandtschaft gleich, wann denn die Taufe stattfindet. Axel und Marina hatten immer abgewehrt und gesagt: »Laßt uns erst mal zur Ruhe kommen. Es ist so viel Neues, wenn man ein Kind hat.« Ein sanfter Druck blieb hinter den Fragen, vor allem von den Großmüttern. Aber die jungen Eltern wollten es sich nicht zu leicht machen. Sie wollten ihr Kind ja auch anders erziehen, als sie selbst einmal erzogen worden waren. Sie wollten bewußt entscheiden.
Eines Abends nutzte Marina eine ruhige Stunde. Die beiden waren noch mal an das Bettchen getreten, Matthias schlief sanft. Versonnen blieben sie eine Weile stehen, Marina hatte ein gutes Gefühl. Sie streichelte Axel über den Arm: »Komm«, sagte sie, »wir überlegen mal ein bißchen. Wir müssen uns doch darüber klarwerden, ob wir unser Kind taufen lassen wollen. Und das hat doch was zu tun damit, wie wir unser Kind erziehen wollen. Wir wünschen dem Matthias so viel Gutes. Taufe ist doch etwas Gutes?«
Axel: »Na, geschadet hat mir's auch nicht. Ich soll nur ziemlich geschrien haben, als ich das Wasser über den Kopf bekam, aber als der Pastor mit einer Serviette mich dann wieder abgetrocknet hat, soll ich schon wieder friedlich geworden sein. Ist schon lange her. Später sind wir dann in den Kindergottesdienst gegangen, und das weiß ich noch, wie dabei ein Kind getauft wurde. Wir Kinder hatten alle eine Kerze in der Hand, und es war sehr feierlich, wie da über diesem Säugling gesagt wurde:
»Ich taufe dich im Namen des Vaters und des Sohnes und des heiligen Geistes« oder so ähnlich, und die Eltern und die Paten standen mit ernsten Mienen dabei. Ich hatte das Gefühl, daß dieses Kind zum ersten Mal Mittelpunkt ist für viele Menschen, nicht nur für die Eltern, sondern auch für Fremde. Sie haben dann für das Kind gebetet und viele gute Wünsche ihm auf den Weg mitgegeben.
Später bin ich dann auch zum Konfirmandenunterricht gegangen.
Ich sollte lernen, was Christen glauben. Dann wurde ich konfirmiert. Ich fand das wichtig, nicht nur wegen der Geschenke. Ich sollte selbst entscheiden, ob ich Christ sein will aus eigener Überzeugung und nicht nur, weil die Eltern versucht haben, mich so zu erziehen.«
Marina: »Meinst du denn, wir wollen unser Kind christlich erziehen? Wenn ich unseren Alltag sehe, dann hat das mit Bibel und Kirche nicht viel zu tun. Auch in

der Kirche waren wir lange nicht mehr; ich glaube bei unserer Trauung zuletzt. Ich finde das eigentlich schade.«

Axel stand auf: »Ich geh' mal in die Speisekammer, ich glaube, da liegt noch ein Wein vom Hochzeitstag. Wir wollten ihn uns aufheben, ich denke, der ist heute fällig.« Als Axel wiederkam, schwang er triumphierend die Flasche und entkorkte sie umständlich. Dann füllte er bedächtig die Gläser, setzte sich in Positur und hob das Glas: » ›Auf die Mutter, auf alle Mütter!‹ Weißt du, Marina, das mit Kirche und Glaube sehe ich anders. Sicher, wir müßten mal wieder hin. Ich denke noch an den Gottesdienst im letzten Urlaub.«

Marina: »Ach ja, stimmt ja. Der war schön. Die Kirche war voll, und wir sangen ›Geh aus mein Herz und suche Freud‹, und die Predigt war so, daß ich richtig beschwingt aus der Kirche rausging. Ich hatte das Gefühl, ich erinnere mich ganz genau, ich hatte das Gefühl, als würde ich dich noch mehr lieben, noch ein bißchen mehr als vorher; ja, ich weiß noch, es wurde ein ganz schöner Tag. Und auch eine schöne Nacht. Prost Axel, Vater! ›Auf die Väter dieser Erde.‹ «

»Ich glaube«, sagte Axel, »Kirche, das hat was mit Lebensmut zu tun. Wenn man an Gott glaubt, dann kann man mehr verkraften, dann weiß man, was man wert ist. Mein alter Pastor sagte mal: Gott, das ist ein Name für das Geheimnis der Welt. Jesus hat uns etwas von diesem Geheimnis verraten. Obwohl so viel dagegen spricht, ist Liebe das Geheimnis der Welt.«

Marina platzte dazwischen: »Wir lieben uns auch, und Matthias ist auch ein Kind der Liebe. Dann müssen unsere Liebe und Matthias was mit Gott zu tun haben.«

Axel: »Daß wir uns mögen und alles zusammen schaffen wollen, das wäre dann kein Zufall, sondern darin wirkt Gottes Liebe.

Komisch. Wie alle Wärme von der Sonne kommt und eigentlich Sonnenwärme ist, so ist alle menschliche Wärme Gotteswärme.«

Marina: »Und alle Kinder Gotteskinder. – Eigenartig, wenn ich so überlege, wie wir an Matthias gekommen sind. Wir haben zugelassen, daß ein Kind kommt, viel mehr haben wir nicht getan.

Man sagt ja auch nicht, wir machen ein Kind, sondern wir kriegen ein Kind. Und jetzt ist das kleine Wurm ganz auf uns angewiesen, und ich hab' immer Angst, es könnte mir vom Wickeltisch fallen. Weißt du, jetzt ist es ja noch ziemlich ruhig, aber wenn Matthias erst mal anfängt zu turnen, man könnte irre werden an dem Gedanken, das Kind fiele vom Tisch.«

Axel: »Und später, wenn es rumkrabbelt und in den Steckdosen pult. Wir müssen uns solche Verschlüsse anschaffen. Aber wenn ich daran denke, daß unser Kind in drei, vier Jahren draußen spielen will und dann zur Schule geht.

Wir dürfen es nicht aus den Augen lassen. Nie.«

Marina: »Ach, das geht doch gar nicht, er muß doch selbständig werden. Komisch, jetzt sage ich schon Er, obwohl es ja nun wirklich noch ein Es ist, unser Kleines. Aber er soll ein Er werden, ich freu' mich drauf.«

Axel: »Dann müßten wir aber selbst genug Vertrauen haben ins Leben. Wir müßten glauben können, daß das Leben gut ist. Und auch die fremden Menschen für Matthias gut sind und daß die fremden Autofahrer später ganz vorsichtig an Matthias vorbeifahren.«
Marina: »Ja, und daß wir ihn richtig erziehen. Daß er Lust hat, seinen Verstand zu gebrauchen, und daß er kein Egoist wird, aber auch kein Angsthase.
Ich habe so viel Angst. Vor Spinnen und vor Krebsen, vor deiner Mutter; ich habe manchmal überhaupt kein Selbstbewußtsein.«
Axel nimmt ihre Hand und streichelt sie: »Zusammen sind wir doch stark, und wo wir jetzt ein Kind haben, da müsen wir noch stärker werden. Mensch, wir haben ein Kind gekriegt, das heißt, wir sollen ein Stück der Zukunft bauen, nicht mehr für uns beide so privat leben, sondern mit dafür sorgen, daß ein Stückchen Leben glücklich wird. Ja, und auch glücklich macht.«
Marina: »Du hast Gedanken. Aber du hast wohl schon recht. Eigentlich können wir aber das nur, wenn wir für die Zukunft Gutes erwarten. Wenn wir selber glauben, daß alles, was ist, gut ist, und was noch nicht gut ist, daß es gut wird und nichts kaputt bleibt und nichts verlorengeht.«
Axel: »Ja, das glauben wir doch, sonst hätten wir uns ja gar kein Kind gewünscht. Mit dem Kopf haben wir so viele Bedenken, aber im Innersten glauben wir, daß ein guter Zusammenhang besteht zwischen allem, was passiert. Dieser innerste Zusammenhang von allem, das ist doch Gott, und an den glauben wir, auch wenn wir ihn nicht sehen und auch, wenn wir es nicht sagen, und auch, wenn wir nur selten in die Kirche gehen.«
Marina: »Jetzt weiß ich auch, daß wir unser Kind taufen. Ja, Axel, wir taufen unser Kind, denn Taufe, das ist ein Zeichen für diesen guten Zusammenhang. Wie ein Leuchtturm, der weit in die Gegend Signal gibt: Hier ist ein guter Hafen. Wir lassen unser Kind taufen und zeigen damit dem Matthias und zeigen das uns auch, daß Matthias zu Gott gehört.«
Axel: »Ja, und daß Gott zu Matthias gehört. Der Matthias lebt nicht aus Zufall, sondern weil Gott ihn für den guten Zusammenhang des Lebens braucht. Ja Gott liebt ihn und Gott braucht ihn. Das soll der Matthias wissen von Anfang an. Und solange er es nicht wissen kann, wissen wir es für ihn und geben ihm die Taufe als Zeichen.«
Marina: »Und das ist auch ein Zeichen für uns, daß wir den Matthias für diesen guten Zusammenhang erziehen. Und daß er uns nicht gehört, sondern uns anvertraut ist, oder so. Weißt du was? Ich geh' morgen gleich hin ins Kirchenbüro und melde uns an beim Pastor. Mit dem bereden wir die ganze Sache. Wofür ist der denn da!«

Traugott Giesen

Einladung zur Tauferinnerung

Im Laufe des zurückliegenden Jahres haben Sie Ihr Kind in der Langeooger Inselkirche zur Taufe gebracht. Wir haben gemeinsam Gott für das geschenkte Leben gedankt, haben für eine gute Zukunft gebetet und den Täufling der Treue Gottes anbefohlen. Eltern und Paten bekräftigten zugleich ihren Willen, das Kind so zu erziehen, daß es lernt, als ein Christ in dieser Welt zu leben.
Inzwischen sind Wochen oder gar Monate ins Land gegangen und Sie haben neue Erfahrungen miteinander gemacht, Erfahrungen, die Sie, so hoffe ich, bestärkt haben, auf dem einmal eingeschlagenen Weg weiterzugehen. Aber unsere Welt ist nicht so, daß wir auf Ermutigung von außen und auf Wegweisung aus Gottes Wort verzichten könnten. Damit dies nicht in Vergessenheit gerät, haben wir in Langeoog vor Jahren eine alte kirchliche Tradition zu neuem Leben erweckt:
Der 1. Sonntag nach Ostern, der seit alters den lateinischen Namen Quasimodogeniti (= wie die neugeborenen Kinder) trägt, erinnert die Christen an ihre Taufe. Bei uns ist daraus inzwischen die gute Sitte geworden, daß die Familien, die im zurückliegenden Jahr ein Kind getauft haben, an diesem Gottesdienst teilnehmen. Wir verlesen dann noch einmal die Namen aller Täuflinge, dazu den Taufspruch, den Ihr Kind bei der Taufe mit auf den Weg bekam. Dabei wird das Licht der Oster- und Taufkerze auf einen Kranz von Kerzen übertragen, die – entsprechend der Zahl der getauften Kinder – auf dem Rand des Taufbeckens befestigt sind. Auf diese Weise wird die Taufe Ihres Kindes noch einmal zeichenhaft gegenwärtig, und wir beten mit der ganzen Gemeinde für Eltern und Paten, daß sie ihrer Aufgabe an dem Kind gerecht werden. Nach dem Gottesdienst überreiche ich Ihnen dazu noch eine kleine praktische Hilfe als Zeichen der Verbundenheit zur ›Taufkirche‹ Ihres Kindes.
Zu diesem Gottesdienst, der in diesem Jahr am ... um 10 Uhr in der Inselkirche stattfindet, lade ich Sie und alle, die seinerzeit dabei waren, herzlich ein.

Klaus von Mering

Ansprachen

a) Predigten

Zur Taufe gesagt

Jesus Christus spricht: »Gehet hin in alle Welt und lehret alle Völker und taufet sie im Namen des Vaters, des Sohnes und des heiligen Geistes. Mir ist gegeben alle Gewalt im Himmel und auf Erden. Siehe, ich bin bei euch alle Tage bis an der Welt Ende. Wer da glaubt und getauft wird, der wird selig werden. Wer aber nicht glaubt, der hat sein Leben umsonst gelebt.«
(Matthäus-Evangelium 28. Kapitel)

Liebe Gemeinde! Diesem Taufbefehl haben Menschen bis heute gehorcht. Welche Hoffnung treibt euch Eltern, eure Kinder taufen zu lassen? Wie wichtig ist mir und dir das Getauftsein geworden?
Daß wir heute zur Kirche gekommen sind, es ist ein Anzapfen, ein Einlösen unserer Taufe. Damals wurde uns ein Guthaben eingerichtet, nicht ein leeres Sparbuch, auf das wir unter viel Verzicht einzahlen müssen, sondern ein Guthaben, das wir nur flüssig zu machen brauchen. Und ein Gottesdienst ist Zahltag! Wir kommen zum Gottesdienst, ob wir's glauben oder nicht, um heiligen guten Geist abzuholen. Wir wollen unsere Vertrauenswürdigkeit wieder herstellen lassen. Wir wollen das lebenswichtige Gespräch mit dem Urheber des Lebens wieder aufnehmen. Wir wollen unseren Wunschradar eichen lassen und wollen bestärkt werden, daß Gott, der Lebendige im Leben, mich lieb hat und mich braucht. Wir wollen uns zurechtrücken lassen: Wichtiges und Unwichtiges, Gedeih und Verderb, Gut und Böse. Wir wollen nicht untergehen im geistlosen Funktionieren. Wir wollen Gott erleben, indem wir uns als geliebt und gut erleben, als von ihm genannt und gekannt, als Teil des guten Ganzen.

Haltsuchen gegen des Verwehtwerden
Oft haben wir das Gefühl, unser Lebensfaden werde von einer anonymen Nadel eifrig hin und her gezogen und wir haben keinen Halt. Vielleicht daher der Wunsch nach Heimat, da, wo man hingehört; daher vielleicht auch der Wunsch nach Grundbezitz, von dem man sagen kann: Das ist mein; oder daher auch der Wunsch, sich einen Namen zu machen – eben damit diese anonyme Nadel des Lebens nicht uns so eifrig hin und her schleift. Aber der Faden saust durch den Stoff, wenn man ihm keinen Kopf, keinen Knoten macht. Die Taufe ist so ein Kopf, ein Knoten für meinen Lebensfaden: Ich bin festgehalten im Lebensgrund. Ich bin verschweißt mit Gott. Ich bin in Gott eingetaucht. Ich gehöre ihm.

Wasser und Wort sind die beiden Elemente der Taufe

Früher wurden die Täuflinge eingetaucht, ja untergetaucht – (das Taufbecken von St.-Severin soll das größte in Schleswig-Holstein sein). Heute werden sie nur noch mit einem Hauch Wasser übergossen.
Wasser brauchen wir unbedingt. Es hilft uns zum Leben, es kann aber auch bedrohlich werden. Wir können darin untergehen, ertrinken. Wir selber bestehen zu 90% aus Wasser. Ohne Wasser ist kein Leben. So steht Wasser für Gott – Er, der Lebensgrund, der Wille der Welt, er umgibt uns von allen Seiten. Angelus Silesius sagt einmal: »Gott ist ein Brunnen, aus dem kommt alles her und läuft auch wieder hin, drum ist er auch ein Meer.« Wir Menschen sind »Fischlein in ihm« (Kirchenvater Tertullian, 2. Jahrhundert) – »Fischlein in Gott«. Auch wenn wir es nicht erkennen, sind wir völlig von ihm umgeben. Aber Wasser allein ist annonym. Darum muß zum Wasser das Wort treten: Ich bin dein Gott, fürchte dich nicht. Ich habe dich erlöst, ich habe dich bei deinem Namen gerufen, du bist mein. – Dem Täufling wird versprochen: Du bist von Gott geliebt. Du bist seine Erfindung. Er hütet dich. Nichts kann dich scheiden von der Liebe Gottes. Dein Name ist mit Gott verknüpft: Kind Gottes, Sohn, Tochter Gottes, des Allmächtigen. Und du wirst mit dem Kreuz bezeichnet, jenes Zeichen, das alles zusammenhält. Dieses Plus-Zeichen der Welt wurde für Jesus aufgerichtet als Todes- und Trennungswerkzeug. Aber Jesus starb an diesem Kreuz in Gott hinein, nicht aus dem Leben heraus. Die Liebe hat ihn nicht verlassen, sondern ihn aufgesogen, heimgeholt, heil gemacht. So ist Jesus in Gott, an seiner Seite. Ohne ihn will Gott nicht sein. Und so ist das Kreuz zum Pluszeichen geworden, zum Siegel auf meiner und deiner Stirn: Du gehst Gott nicht verloren! Du gehörst zu ihm, wie der Tropfen dem Meer und wie die Stunde der Zeit.

Zur Liebe bestimmt

Und in der Taufe bekommst du einen Auftrag: Du, geliebter Mensch, bist zur Liebe bestimmt. Du sollst Liebe entbinden und Liebe geben. Im großen Kräftehaushalt Gottes sollst du ein Bruder, eine Schwester Jesu sein! Sollst nicht deine Kräfte für dich behalten, sondern dich einsetzen fürs ganze Leben. Durch dich soll es heller werden, wärmer und freundlicher. Wie die Blumen die Strahlenkraft der Sonne spiegeln, so sollst du die Menschenfreundlichkeit Gottes ausstrahlen. Du sollst ein Grund werden, warum es gut ist, zu leben.
Dafür geben wir dir, Kind, unseren Segen weiter.
Ja, das ist ein mächtiges Geheimnis mit dem Segen! Wir, deine Eltern, Paten, deine Mitmenschen haben den Ruf Gottes gehört. Gott sagt: »Mir gehört alle Gewalt im Himmel und auf Erden.« Aber wir, die wir schon älter sind, wir haben uns so viel Gewalt angeeignet. So viel Einfluß und Ehre und Geld haben wir Gott entwidmet, daß es so aussieht, als wäre Gott nur noch in Notfällen da. Das Alltägliche aber regelten wir schon selber. – Dagegen steht: Mir gehört alle Gewalt. Eigentlich wissen wir es sehr genau. Wir hätten keine Gewalt, wenn sie uns nicht anvertraut wäre von Gott. – Und doch, gegen dieses Wissen an machen

wir so viel Macht der eigenen Lust und Neigung dienstbar. Und dennoch bleiben wir unter dem Auftrag, als Gottes Haushalter die Gaben zu nutzen. Und – wir geben euch Kindern diesen Auftrag weiter. Die vernommene Verheißung und den Auftrag teilen wir mit euch. Wir alle sind zu Gottes Haushaltern berufen, liebevoll zu werden. Wir Großen wollen es wieder mit euch und an euch lernen: Wir Großen wollen euch Kinder annehmen als Gaben Gottes, wollen euch für die Liebe erziehen, nicht nur fitmachen fürs Geldverdienen, sondern erstrangig euch zu Menschen, Brüdern und Schwestern machen mit ganz viel Mitleidefähigkeit und Mut, das Gute zu tun.

Kinder als Helfershelfer Gottes

Wenn wir euch segnen, lassen wir uns wieder neu mit in den Dienst nehmen. Wir sind nicht dazu da, euch nur in die Welt zu setzen. Wir sind dazu berufen, Euch das Leben zu eröffnen, es euch glaubwürdig zu machen, daß dieses mühsame, gefährdete Leben mit aller Schuld, mit allem Schmerz, mit allem Verzicht doch wunderbar und köstlich ist.

Kinder, daß wir Eltern euch wollten, ist ja letztlich unser Bekenntnis zum gottvollen, gotteskarätigen Dasein. Wir wissen, daß wir Gerechtigkeit und Freiheit nicht machen, ja, daß wir ihnen oft genug im Wege stehen. Und doch hoffen wir mit den Christen aller Zeiten auf das Heilwerden des Lebens. Wir hoffen, daß wir selber noch zu friedliebenden Menschen verwandelt werden. Nicht weil wir gut sind, sondern weil der Lebensgrund, GOTT genannt, so ist, wie Jesus ihn beschreibt, nämlich gut und liebevoll. Darum taufen wir euch und entzünden für jeden von euch eine Kerze, die brennen möge zu jedem Geburtstag bis hin zur Konfirmation, bis ihr dann selber sagt: »Ja, Gott liebt mich und Gott braucht mich, darum lebe ich.«

Kinder. Wir taufen euch in einem Gottesdienst. Nicht auf einem Volksfest, wo es um Belustigung geht – nicht auf einer Mieterversammlung, wo es um Teilinteressen geht, nicht zu Hause, wo nur der Familiensinn stark ist.

Der Gottesdienst ist für uns Heimkehr in die Taufe. Immer neu bekommen wir geschenkt, was uns in der Taufe zugesagt war: Lebensmut und Liebeskraft. Hier können wir wieder Boden unter den Füßen gewinnen, den Boden der einfachen Tatsachen. Hier im Gottesdienst kommt zur Sprache der, der uns hält und trägt. Wenn Jesus das Grundmuster des tatsächlichen zukunftsträchtigen Menschseins ist, dann zerplatzen hier die Seifenblasen unseres Irrglaubens – so ist der Gottesdienst auch Teufelsaustreibung. Und wir erhalten die Chance, endlich liebevoll zu werden und uns unsere Illusionen abzuschminken.

Euch Kinder nehmen wir als Auftrag, uns selber neu zu bedenken. »Elternsein ist ein Neudenken der Welt im Lichte unserer Kinder.« (Rosenstock-Huessy) Denn in den Kindern begegnet uns Gott auf frischer Tat. (M. Luther). Liebebedürftig und dankbar, freudestrahlend, Phantasie und Heiligen Geist entbindend, so seid ihr Kinder. Und so nehmen wir Eltern die Taufe auch als Signal, uns verwandeln zu lassen zu Wegbereitern der Liebe. Ihr Kinder trainiert uns ja zu Mitarbeitern Gottes.

Kinderfragen

Erinnern wir uns noch an die vielen Fragen, mit denen wir unsere Eltern gelöchert haben? Warum ...? Warum ...? Was wollten wir da erkunden? Nicht so sehr, wie etwas funktioniert, sondern was alles bedeutet, zu was etwas taugt, ob es gut ist, so wie es ist.
Zwanzig Jahre und mehr haben wir nicht mehr nachgedacht über die einfachen, wichtigen Fragen.
»Ja, warum ist eigentlich die Oma so alt?« Und da müssen wir neu nachdenken und, wenn wir im Lichte von euch Kindern die Welt bedenken, fromm werden. Warum werden die Menschen so alt? Da kann ich nicht sagen: Zellenabbau und biologischer Verfall. All die wissenschaftlichen Schritte taugen als Antwort nicht. Wir fragen ja nach dem Grund für das Altwerden, fragen nach dem Leben, ob es vertrauenswürdig ist auch mit Altwerden.
Warum werden die Menschen alt?
Kann ich nicht sagen: »Kind, weil unsere Zeit zu Ende geht und Gott uns ernten will.«
Und: »Warum ist Papa so traurig?«
Können wir nicht sagen: »Weil auch Papa nicht kann, was er alles möchte!«
Und: »Warum ist die Sonne so warm?«
»Weil sie Gottes großer Ofen ist!«
Und: »Warum tut es weh, wenn ich mich schneide?«
»Damit du dich nicht mehr schneidest!«
Und: »Warum hat der Junge von nebenan kein Fahrrad? ... und ich hab' eins?«
»Darum, daß du dein's ihm leihen kannst!«
»Warum gehen wir so selten in die Kirche?«
Dann sagt ihnen: »Kinder, weil wir oft so müde sind von Sachen, die eigentlich gar nicht wichtig sind!«
Und dann fragen sie: »Warum tut ihr sie denn dann?«
Dann müssen wir wohl sagen: »Ich weiß es auch nicht – vielleicht, weil wir zu wenig denken!«
Und: »Warum tun Menschen Böses?«
»Weil wir alle noch nicht gut sind!«
»Wird immer Böses in der Welt sein?«
»Ich glaube, Gott ist dabei, das Böse aus der Welt herauszusaugen, wie ich dir einmal einen Stachel aus deiner Hand herausgesaugt habe.«
Und: »Wo ist Gott?«
Und dann antwortet ihnen:
»Wo ist das Meer, fragte das Fischlein. Das Fischlein ist im Meer.
So sind wir in Gott!«

»Und warum können wir ihn nicht sehen?«
»Weil Gott so groß ist, weil er alles ist, was war und was wird.
Kein Mensch und keine Sache ist er!«
Und dann fragt das Kind: »Hat Gott mich lieb?«
Und dann laßt uns doch sagen: »Sonst hätte er dich nicht ins Leben gerufen!«
Und dann fragt das Kind: »Hat er mich gemacht?«
Und dann laßt uns doch sagen: »Ja. Wir haben dich nicht gemacht, wir haben dich bekommen! Gott hat uns so gemacht, daß wir dich bekommen konnten!«
»Kommen wir wieder zu Gott?«
»Kind, wir bleiben in ihm!«
»Hast du Beweise?«
»Ja, du bist getauft!«

Traugott Giesen

Nehmt sie an!

Text: Römer 15,7

Liebe Taufgemeinde! Aus den Taufgesprächen weiß ich: Die Mütter und Väter der Täuflinge haben teilweise recht unterschiedliche Motive für die Taufe ihres Kindes. Auch ihre Einstellung zur Kirche und zu Fragen des christlichen Glaubens ist verschieden.
Aber offensichtlich verbindet Sie alle ein gemeinsames Grundgefühl: Sie möchten in einer besonderen Feier Ihrer Freude und Ihrem Dank Ausdruck geben. Sie sind voll Freude, weil Ihnen ein Kind geschenkt wurde. Sie sind dankbar, weil nach Monaten des Wartens ein neuer Erdenbürger in Ihren Kreis kam. Dieses tiefe Gefühl der Freude und des Dankes ist wohl auch der Grund dafür, daß fast alle Kinder in unserem Land getauft werden.
Freilich: Mag die Sitte der Kindertaufe weithin selbstverständlich sein – der Sinn der christlichen Kindertaufe ist vielen keineswegs ebenso klar. Ich möchte deshalb in dieser Stunde versuchen, etwas über den Sinn der christlichen Kindertaufe zu sagen. Dabei knüpfe ich an Erfahrungen an, die Christen in der Nachfolge Jesu gemacht haben. Ich denke an ein Wort aus dem Römerbrief. Paulus schrieb es zwei Jahrzehnte nach Jesu Tod an die Christen in Rom. Es lautet: »Laßt einander gelten und nehmt euch gegenseitig an, so wie uns Christus angenommen hat.« (Röm.15,7).
Die Aufforderung: »Nehmt euch gegenseitig an!« wäre ein unrealistischer Appell, wenn nicht Menschen erfahren hätten, was es heißt, grundsätzlich angenommen zu sein. Im Umgang mit Jesus erlebten Menschen: Der nimmt mich an, der akzeptiert mich, auch wenn andere mich ablehnen oder verachten.

»Nehmt euch gegenseitig an, so wie Christus uns angenommen hat!« – »... so wie Christus uns angenommen hat« – dieser Satz nennt den Grund, warum wir heute kleine Kinder taufen; kleine Kinder, die sich zu dem ganzen Geschehen nicht äußern können; kleine Kinder, die noch keinen mündigen Glauben haben.
In den ersten Jahrzehnten der christlichen Kirche wurden zunächst nur Erwachsene getauft, die ein Bekenntnis zu Jesus ablegten. Die Taufe war ein Bekenntnisakt erwachsener Menschen, dem Taufunterricht voranging. Erst um die Mitte des zweiten Jahrhunderts begann man, kleine Kinder zu taufen.
Wenn aber bei kleinen Kindern das selbstgesprochene Bekenntnis wegfällt, kann man da noch taufen? Ich meine: ja! Wir haben einen Grund: »Christus hat uns angenommen«. Im Blick auf die Taufe sagt dieses Wort: die Hinwendung Gottes zu den Menschen ist so total, daß sie unabhängig von allen moralischen oder religiösen Vorleistungen geschieht.
Die heutige Taufe ist deshalb keine Aufnahmeprüfung, sondern sie macht zeichenhaft deutlich: Diese Kinder sind angenommen, noch bevor sie sich dessen bewußt geworden sind. In diesem Sinne sind die Täuflinge, sind wir alle »Kinder Gottes«.
Ich glaube, Sie, liebe Eltern, können den Gedanken der liebevollen, bedienungslosen Annahme besonders gut begreifen: Sie nehmen sich ja Ihres Kindes in seinen ersten Lebensjahren ständig an, ohne von ihm besondere Vorleistungen oder Akte der Dankbarkeit zu erwarten. Ihr Kind lebt davon, daß es von Ihnen angenommen ist, daß es zu seinem Recht kommt – ohne Wenn und Aber.
Im Anschluß an diese Taufansprache frage ich die Eltern und Paten der Täuflinge, ob sie zur christlichen Erziehung dieser Kinder beitragen wollen. Was heißt das: »christlich erziehen«?
In unseren Taufgesprächen wurde deutlich, daß »christliche Erziehung« nicht einfach mit »kirchlicher Erziehung« gleichzusetzen ist. »Christlich erziehen« heißt: Im Geiste Jesu Christi erziehen, im Geist seiner bedingungslosen Liebe und Menschenfreundlichkeit, die auch in der Kirche oft fehlt. Jesus von Nazareth nahm sich besonders der Benachteiligten und Verachteten an. Er war ein Friedensstifter, der für Gerechtigkeit eintrat und die gängigen Feindbilder und Grenzziehungen nicht mitmachte. Bei ihm zählten auch die, die sonst wenig oder gar nicht zählten: Kinder, Frauen, Ausländer.
Wenn wir die Kinder heute auf den Namen Jesu taufen, dann hat das Konsequenzen für Sie als Eltern und Paten, als Verwandte und Freunde: Von Ihnen können und sollen die Kinder lernen, was Annahme, was Menschenfreundlichkeit im Sinne Jesu heißt. Durch Ihr praktisches Vorbild können die Kinder Annahme erleben. Von Ihnen können sie für ihr Leben lernen, was es heißt, Menschen einer anderen Schicht, einer anderen Nation, anderer Hautfarbe, Religion oder Rasse zu ihrem Recht kommen zu lassen, sie anzunehmen.

Die heutige Taufe ist deshalb kein isolierter Festakt. Nein, diese zeichenhafte Handlung hat etwas zu tun mit dem weiteren Lebensweg der Täuflinge. Wir können ja nicht einfach sagen: »Gott hat diese Kinder angenommen«, ohne uns gleichzeitig darum zu kümmern, ob sie in Zukunft, z. B. in der Familie, in der Schule und im Beruf als Menschen akzeptiert werden. Wir sind aufgefordert zu verhindern, daß diesen und anderen Kindern »das Rückgrat gebrochen« wird. Zu Recht betonte der polnische Arzt und Menschenfreund Janusz Korczak: »Das Kind wird nicht erst ein Mensch, es ist schon einer.«

Das Verhalten Jesu ermutigt uns, Kinder auch mit ihren Unzulänglichkeiten in Liebe anzunehmen.

Ich wünsche Ihnen, daß Sie die Aufgabe der Erziehung im Geiste Christi mit Zuversicht wahrnehmen. Ich wünsche Ihnen, daß diese Kinder glücklich werden, weil sie sich angenommen fühlen, so wie Christus uns angenommen hat.

Heinrich Grosse

Wer das Reich Gottes nicht empfängt wie ein Kind

Text: Markus 10,13–16

Liebe Eltern und Paten, liebe Gemeinde! Man hat Jesus den »Entdecker des Kindes« genannt. Nicht zuletzt auf Grund dieser unscheinbaren Begebenheit.

Als ich über diese Begebenheit nachdachte, kam mir die Taufe unseres ersten Sohnes in Erinnerung. Und am eindrücklichsten ist mir geblieben, daß meine Frau gebeten wurde, sich mit dem Kind bis zum eigentlichen Taufakt in einem Nebenraum aufzuhalten; wohl in der guten Absicht, die Gemeinde durch die Äußerungen des Täuflings nicht zu stören. In der guten Absicht?

Es ist mir heute noch rätselhaft, warum ich dieser Bitte nicht aufs schärfste widersprochen habe, vermutlich aus Respekt vor dem tiefen Frieden der Bonner Friedenskirche.

»Und sie brachten Kinder zu ihm, damit er sie berühren sollte. Die Jünger aber fuhren diese Leute an.«

Unsere Praxis zu taufen, unsere Art und Weise, wie wir das tun, ist häufig eigenartig. Und das, was wir reden anläßlich einer Taufe, ist es nicht selten auch.

Wir treten vor den »Entdecker des Kindes« als meisterhafte »Verstecker unserer Kinder«. Und wir drücken damit, gewollt oder ungewollt, einen Teil jener Geringschätzung aus, die unsere Gesellschaft dem Kind allgemein entgegenbringt. Die Hauptperson der Taufe, das Kind – es ist die Regel, daß diese Hauptperson zum Anlaß einer Familienfeier wird, herabgewürdigt wird, um es ehrlich zu sagen.

Was kann uns, den Erwachsenen und Fertigen und Fähigen, schon ein sprachloses Kind zu sagen haben, in seiner Hilflosigkeit und Bedeutungslosigkeit?
Wir befinden uns mit dieser Meinung, die wir unbewußt Tag für Tag zur Geltung bringen, in bester Gesellschaft, freilich in einer Gesellschaft, der die Glaubwürdigkeit von Jesus selbst bestritten wurde.
Die abweisende Haltung der Jünger in unserer Geschichte war nichts Außergewöhnliches. Es gab in der Antike kaum etwas Nebensächlicheres als das Kind. Selbst der große Philosoph Aristoteles hatte dem Kind jede Bedeutung abgesprochen, sogar die Fähigkeit zur Glückseligkeit. Warum?
In einer Welt des Verstandes und der Berechnung brachte das Kind – nichts. In einer Welt der materiellen Rangordnungen und Werte brachte das Kind – nichts. In einer Welt der Auseinandersetzungen und Machtkämpfe brachte das Kind – nichts. In einer Welt der Entscheidungen und Urteile und Vorurteile brachte das Kind – nichts. Es brachte rundum nichts in einer Gesellschaft, in der jeder etwas bringen mußte und – in der jeder *es* zu etwas bringen mußte.
Darum wiesen die Jünger jene Kinder ab. Darum auch die unbewußte Geringschätzung des Kindes und des Kindlichen in unserer Gesellschaft, wofür sich unzählige Beispiele aufführen ließen.
Darum aber auch der Zorn Jesu, für den das Kind der Mensch schlechthin ist, der Mensch vor aller Frage nach Wert und Unwert, der Mensch vor allen gesellschaftlichen Abstufungen nach Vorzügen und Mängeln, der Mensch in seiner Nacktheit im weitesten Sinne.
Am heutigen Tauftag wäre es eine Geringschätzung des Kindes und dieses Kindes, wollten wir wieder nur von *unserer* Vorbildlichkeit reden, von unseren Traditionen, von unseren Maximen, von unseren – gewiß auch christlichen – Absichten, von der Welt der Erwachsenen, Fertigen und Fähigen.
Denn was läge uns im Blick auf die Zukunft dieses Kindes näher – paradoxerweise –, als von uns zu sprechen, von uns und darüber, was uns die Schule des Lebens gelehrt hat: die Kunst, zu werden, was man ist, die Kunst, Recht zu behalten, die Kunst, zu bekommen, was man will, die Kunst, zu behalten, was man hat, die Kunst, zu denken, was man soll? All das würde uns glatter von den Lippen gehen und uns stolz machen und bestätigen und wäre doch eine Mißachtung dieses Kindes.
Wenn unsere Geschichte von der Kindersegnung Jesu ein Thema nennt und einen Maßstab und ein Vorbild, dann ist dies unübersehbar und in aller Deutlichkeit: das Kind, das Kind und die Welt des Kindlichen.
Lassen Sie mich daher vom Kind sprechen, vom Kind als Urbild des Menschen vor Gott, vom Kind als Vorbild für uns, von diesem Kind.
Wer von Ihnen hätte es noch nicht erlebt: Ein Kind auf einem Schrank oder einer Treppe, das sich vertrauensvoll in die ausgebreiteten Arme des Vaters fallen läßt. Vorbild menschlichen Vertrauens zum Menschen, Urbild von Geborgenheit, Vorbild unseres Vertrauens zu Gott.

Ein Kindheitstraum? Ein verlorenes Paradies? Das wäre zu einfach. Nein, eine erste Lektion des Kindes für uns. Eine Lektion, die wir nur zu gern und geflissentlich überhören, um alsbald unsere Lektionen vorzutragen, unsere Lebensweisheiten, ohne die es nicht zu gehen scheint im Umgang mit Menschen, und die sich ja auch bewährt haben:
Die Weisheit, daß Vertrauen gut ist, aber Kontrolle besser. Die Weisheit, daß Vorsicht die Mutter der Porzellankiste ist, auch im Miteinander von Menschen. All unsere Weisheiten des Mißtrauens, der Berechnung, der Sicherheit und des Argwohns.
Wir haben es verlernt, dem anderen zu trauen, weil wir verlernt haben, Gott zu vertrauen. Wir haben es verlernt, dem Nächsten mit Vertrauensvorschuß zu begegnen, weil wir schon längst vergessen haben, daß wir vom zinslosen Kredit Gottes leben und von sonst nichts. Wir haben es verlernt, auf die Treue und Verläßlichkeit des Schöpfers und Erhalters dieser Welt zu vertrauen, und versuchen daher konsequenterweise, uns in panischer Angst voreinander zu sichern. Und wir merken nicht, daß unser mißtrauisches Sicherheitsbestreben schon lange den Menschen an die Stelle Gottes gesetzt hat. Wir haben das Erste Gebot vergessen: ICH bin der Herr, dein Gott, du sollst auf nichts und niemanden dein absolutes Vertrauen setzen außer auf mich!
Weil wir das vergessen haben, gelingt es uns nicht, aus dem Teufelskreis des Mißtrauens auszubrechen, der uns selbst umschließt, uns und unseresgleichen, Völker, Machtblöcke, Verantwortliche.
Sind diese Tatsachen das, was wir diesem Kind mitgeben sollten, als erprobte und bewährte Lebensweisheiten? Oder sollten wir nicht endlich die Rollen des Lehrers und Schülers vertauschen und diese erste kindliche Lektion in aller Gründlichkeit lernen: die Lektion vom Gottvertrauen, das nicht Dummheit ist –, die Lektion vom Vertrauensvorschuß, der nicht Preisgabe ist –, die Lektion von der Arglosigkeit, die nicht Ahnungslosigkeit ist?
»Wahrlich, ich sage euch: Wer das Reich Gottes nicht empfängt wie ein Kind, der wird nicht hineinkommen«; ein Wort, das sich negativ stündlich bewahrheitet. –
Der Dichter Hans Christian Andersen, liebe Gemeinde, hat dem Kind in seinem Märchen von »des Kaisers neuen Kleidern« ein bleibendes Denkmal gesetzt. Wir erinnern uns jener Weber, die da gekommen waren, um dem Kaiser neue und unvergleichlich schöne Kleider zu fertigen, was den durchtriebenen Burschen dann auch gelang, nur, daß es keine Kleider waren. Doch wer wollte das schon wahrhaben gegen den kundigen Blick des Kaisers und seiner Räte?
»So ging der Kaiser in der Prozession unter dem prächtigen Thronhimmel, und alle Menschen auf der Straße und an den Fenstern sprachen: ›Gott, wie sind des Kaisers neue Kleider unvergleichlich; welch schöne Schleppe er am Kleide hat, wie herrlich alles sitzt!‹ Keiner wollte sich anmerken lassen, daß er nichts sah, denn dann hätte er ja nicht zu seinem Amte getaugt oder wäre sehr dumm ge-

wesen. Keine von des Kaisers Kleidern waren so bewundert worden wie diese. ›Aber er hat ja gar nichts an!‹ sagte endlich ein kleines Kind.« – Da war es heraus. Und einer zischelte dem anderen jene ungeheure Wahrheit zu, die doch eigentlich so einfach war. »Er hat ja gar nichts an!« Ich wage nicht, die Quintessenz dieses Märchens auf unsere Gesellschaft zu übertragen; ich denke, das Ergebnis wäre erschreckend.

Die Weisheit unseres Märchens liegt ganz auf der Linie unserer biblischen Begebenheit. Das Kind als Vorbild einfachen Denkens.

»Selig sind die Einfältigen im Geist, denn ihnen gehört das Himmelreich.« – Einfaches Denken hat nichts zu tun mit Unkenntnis und Dummheit. Einfaches Denken meint die geistige Konzentration auf die eine und eindeutige Wahrheit Gottes. Und einfaches Denken entlarvt Scheinwahrheiten, Trugschlüsse und Vernebelungen.

Aber er hat ja gar nichts an! Das meint die Rückkehr zu kindlicher Geradlinigkeit und Eindeutigkeit in einer Welt der wissenschaftlich geschützten und verbrämten Halbwahrheiten und Lügen, meint das Deutlichaussprechen dessen, was wirklich ist.

Aber er hat ja gar nichts an! Unzählige Wahrheiten, auf denen unser Zusammenleben und unsere Politik gründen, haben vor dem Blick der heiligen Einfalt und in den Augen Gottes nichts an.

Aber sie sind praktisch und bewährt und: Keiner wollte sich anmerken lassen, daß er nichts sah, denn dann hätte er ja nicht zu seinem Amte getaugt oder wäre sehr dumm gewesen.

Es ist demnach nicht ungefährlich, kindlich-einfache Wahrheiten zu sagen, weil es schwerfällt, sie zu hören. Und selbst, wenn es schwerfällt, so drängt sich mir doch im Blick auf beginnendes Leben ein Wort zum Überleben auf:

Daß unsere Welt sich durch Mißtrauen und panische Sicherungsversuche zu einem Pulverfaß gemacht hat, ist eine solch kindliche Wahrheit.

Und daß die bloße Existenz dessen, was wir in Ost und West an Vernichtungsmaterial angehäuft haben, eine anmaßende Sünde des Hochmuts gegenüber unserem Schöpfer ist, ist eine solch einfache Wahrheit, die ich Ihnen sage, weil das Mündigwerden dieses Kindes in eins fällt mit der Geburt eines neuen Jahrtausends, die nach Meinung von Friedensforschern und Wissenschaftlern mit großer Wahrscheinlichkeit eine Totgeburt werden wird.

Während wir die stets neuen Kleider der Verantwortlichen bestaunen, Argumente, Berechnungen, Zahlen, stolziert die Wahrheit nackt und bloß vor unseren Augen einher, und wir sehen sie nicht, oder wir wollen sie nicht wahrhaben.

In der Sorge um unsere Kinder bitte ich für die verhandelnden Politiker in Genf um jene – theologische – Wahrheit des unschuldigen Kindes aus dem Märchen: Aber wir haben ja gar nichts an!

Mit einer anderen Wahrheit als mit dieser kindlich-einfachen ist Schreckliches nicht mehr abzuwenden. Es stimmt, daß wir in unseren Kirchen zuviel politisch

reden, indem wir die Argumente der Politiker teilen. Wir werden mehr theologisch reden müssen, und das heißt: mit den Argumenten Gottes!
Die Wahrheit Gottes ist – anders als politische Konzepte – einfach und durchsichtig. Auch hier müssen wir von Lehrern zu Schülern werden, zu Schülern des Kindlichen, zu Kindern Gottes.
»Wahrlich, ich sage euch, wer das Reich Gottes nicht empfängt wie ein Kind, der wird nicht hineinkommen.« Es ist dies sicher keine Lektion, die uns zu lernen leicht fällt, aber es ist eine lebensnotwendige Lektion, eine Lektion der Demut und des Umdenkens, im Wissen darum, daß viele unserer probaten Wahrheiten nackt sind vor Gott und wir mit ihnen.
Lassen Sie mich auf ein letztes hinweisen, das mit dem schon Gesagten eng zusammenhängt: Das Kind, dieses Kind, steht auch als Vorbild für unverfälschte, unverdorbene Freude, inmitten einer Welt des kalkulierbaren und käuflichen Glücks, der Schadenfreude und der Trübsinnigkeit.
Müssen wir wirklich erst zu den Kindern gehen oder zu denen, die wir »geistig behindert« nennen, um zu erfahren, was Freude ist?
Grundlose und in diesem Sinne tiefgegründete Freude entspringt dem Vertrauen zu Gott, der Geborgenheit in dieser Welt und dem einfachen Denken. Weil Kinder dies exemplarisch verkörpern, bevor wir beginnen, auf sie einzuwirken, hat Jesus Christus sie uns zum Vorbild gesetzt.
»Und er herzte sie, legte ihnen die Hände auf und segnete sie.« – Dieser Segen gilt auch uns, die wir werden sollen wie die Kinder, wie diese hier, mehr nicht.

Günter Bublitz

Die Vorbildlichkeit der Kinder

Text: Markus 10,13–16

Gott will, daß dieses Kind sein Kind sei. Dafür ist Taufe Zeichen und Datum.
In einer Zeit, in der Kinder nicht einfach kommen, sondern geplant werden –, in einer Zeit, in der Kinder nicht einfach überleben oder sterben –, in einer Zeit, in der Kinder kaum mehr als Geschenk empfangen werden, da ist ein Kind viel stärker »mein Kind«, »unser Kind«, das wir gewollt und geplant haben. Da wird viel stärker die Verfügungsgewalt wahrgenommen. Da werden bewußt und unbewußt Hoffnungen in ein Kind gesetzt; da werden oft uneingestandene Wünsche auf ein Kind projiziert. Weil ich, weil wir dieses Kind gewollt haben, muß es nun auch wollen wie ich, wie wir wollen.
Die Sehnsüchte der Eltern werfen Schatten in das Leben des Kindes. Ein Sprichwort des biblischen Predigers sagt: »Die Väter haben saure Trauben gegessen, und den Kindern sind die Zähne davon stumpf geworden.«

Die Taufe hält an einem datierbaren Punkt fest: Dies Kind ist Gottes Kind. Nicht Verfügung über das Kind ist uns gegeben, sondern Verantwortung für das Kind – und das ist etwas ganz anderes.

Nicht nach meinem Bild, nach unserem Bild soll das Kind werden: nach Gottes Bild, weil es ein Ebenbild Gottes ist!

Ich weiß schon: die Haare der Mutter und die Augen des Vaters oder umgekehrt – ich müßte mir das jetzt noch einmal genauer anschauen. Und dann wird die Nase des Ahnen wieder entdeckt und die Grübchen der Tante. Das verführt uns, weil es uns anzieht. Und die Klischees aus dem Leben der Erwachsenen sind dann schnell übergestülpt. Aber trotz Augen und Haaren, trotz all der anderen Kennzeichen soll dieses Kind es selber sein, soll es selber werden können – eben ein Kind und Ebenbild Gottes.

Für Eltern ist das ja oft schmerzlich, zu erfahren, daß das Kind seine eigene Geschichte hat und sein eigenes Leben führt. Weder die Narben, die das Leben den Erwachsenen geschlagen hat, noch der Jubel, der von einst her in ihnen nachklingt, ist dem Kind bekannt. Es schlägt ein neues Blatt auf, und es will dieses selber füllen.

Es ist oft nicht einfach, zu sehen, daß mein Kind eigene Wege geht und seine eigenen Erfahrungen macht und braucht. Und die unseren nützen ihm nichts und können nicht bewahren.

Der Weg dieses Kindes mit Gott durch diese Welt kann von uns nicht vorgezeichnet und bestimmt werden. Eltern und Paten sind wichtige, wohl die wichtigsten Wegbegleiter. Aber sie sind nicht mehr als dies. Und sollen es nicht sein. Ebenbild Gottes soll es sein und werden, aber nicht unserem Bild entsprechen.

In dem Bibelwort von der Segnung der Kinder durch Jesus, das Sie für diese Stunde gewünscht haben, kommt sogar etwas Gegenteiliges zum Ausdruck: Da werden die Kinder schlicht zu Vorbildern der Erwachsenen gemacht.

»Denn solcher ist das Reich Gottes.« Und »wer das Reich Gottes nicht empfängt wie ein Kind, der wird nicht hineinkommen.« Von den Kindern handelt es, aber gemeint sind wir Erwachsenen.

Das Besondere der Kinder liegt sicher nicht in ihrer Naivität und Unschuld, in ihrer Possierlichkeit und Tolpatschigkeit, in den großen Augen und der süßen Stimme. Das alles sind Sentimentalitäten, mit denen die Werbeindustrie unsere Gefühle bezirzt. Bei Jesus geht es um etwas anderes.

Drei Punkte will ich nennen, warum die Kinder für uns vorbildlich und für Gott so exemplarisch sind.

Ein erstes: Kinder lassen sich beschenken. Für sie ist es ganz selbstverständlich, daß man für sie da ist, ob es einem paßt oder nicht. Und sie finden es nicht unter ihrer Würde, sich beschenken zu lassen. Sie leben davon. Deswegen können sie mit offenen Händen herumlaufen. Geschenke sind für sie etwas ganz Natürliches.

Sie werden das selber noch erfahren, wie schwierig es oft ist, in einem Laden, einer Metzgerei aus ihrem Kind das erwartete »Danke schön« herauszupressen für ein Bonbon oder ein Rädchen Wurst.
Ohne eigene Leistung, sogar ohne die Gegenleistung des »Danke schön« nehmen sie Geschenke einfach entgegen. Sie fragen auch ungeniert danach: Hast du mir etwas mitgebracht?
Und recht eigentlich sind ja auch das nur echte Geschenke, für die man sich nicht revanchieren muß. Nach unseren Maßstäben bleiben Kinder vielen vieles schuldig. Sie aber haben das Gefühl, niemand etwas schuldig zu sein.
In unserer Welt des Bezahlens und der Leistung sind also Kinder darin exemplarische Menschen vor Gott: sie leben davon, daß ihnen gegeben und vergeben wird. Wer nichts geschenkt haben will, verleugnet unsere bleibende menschliche Angewiesenheit, als könnten wir unser Leben selber machen und sichern.
Gerade durch unser Machertum sind wir ja in vielen Bereichen unserer Welt an den Abgrund gelangt. Von den Kindern können wir lernen zu empfangen, weil wir angewiesen sind auf das, was uns zukommt – von Gott und von einander.
Ein Zweites: Kinder sind nicht berechnend. Das heißt nicht, daß Kinder nicht wüßten, wie sie bei Vater und Mutter etwas erreichen können. Sie werden als Eltern das noch merken. Aber das Berechnende liegt den Kindern fern.
Der berechnende Mensch empfängt nicht, sondern er erwirbt. Vielleicht können wir Erwachsenen, weil wir alle berechnen, nur so schlecht darauf verzichten, von den Kindern wenigstens ein »Danke schön« zu hören.
Dabei ist der Gegensatz zwischen Erwerben-wollen und Empfangen-können nicht einfach der Gegensatz zwischen Aktivität und Passivität. Die kindliche Empfangsbereitschaft ist eine ganz spezifische Form der Aktivität; – einer Aktivität allerdings, die auf Fähigkeiten beruht, welche unter uns Erwachsenen sehr oft verdeckt sind: nämlich die aktiven Fähigkeiten des Vertrauens, der Aufgeschlossenheit und der Zuwendung.
Wo diese Fähigkeiten nicht sind, da muß berechnet werden und erworben. Das macht unsere Welt oft so kalt.
Auch darin also sind Kinder exemplarische Menschen vor Gott.
Und ein Drittes: Kinder sind undogmatisch. Sie sind gegenüber all den Vorurteilen, den Fronten, den Parteiungen und Gegensätzen, in denen wir Erwachsenen stehen, unbelastet und frei. Kinder spielen miteinander und fragen nicht nach weltanschaulichen Voraussetzungen, nach der politischen und rassischen Zugehörigkeit. Sie interessiert nicht der soziale Status oder die religiöse Einstellung. Ihre Empfangsbereitschaft, ihre Aufgeschlossenheit und Zuwendung geschieht bedingungslos, ohne Vorbehalte. Sie sind ganz einfach undogmatisch.
Und sie sind darum exemplarische Adressaten Gottes, weil ja Gottes Heil selbst bedingungslos ist und Gottes Reich universale Zuwendung Gottes bedeutet.

Darum gilt der Satz: »Wer das Reich Gottes nicht empfängt wie ein Kind, der wird nicht hineinkommen.«

Lassen Sie mich zum Abschluß auf die Frage zurückkommen, die Sie mir vor ein paar Tagen gestellt haben. Obwohl Sie selbst schon entschieden haben, wollten Sie von mir wissen: Warum hat man ein Kind? Warum möchte man Kinder haben? Und ist das zu verantworten? Diese Fragen werden ja in unserer Generation ganz unterschiedlich beantwortet. Sie haben einen düsteren Hintergrund in den Krisensymptomen unserer Welt.

Jedes Kind ist ein Kind der Hoffnung. Nicht nur in dem Sinne, daß es selber Hoffnung entwickelt für seine Zukunft. Sondern auch und vor allem in dem Sinne: angesichts des Zustandes unserer Erde ist unser Kind ein Zeichen unserer Hoffnung.

Unsere Hoffnung geschieht ja nicht nur, wo wir Pläne entwickeln, wie man vieles anders, besser, oder wenigstens manches erträglicher und verkraftbarer macht. Das auch.

Ein Kind holt uns zurück von hochfliegenden Plänen, wenn wir abheben – wie man heute sagt. Das Kind lehrt uns, daß die Zukunft bei den Windeln anfängt und beim Spielzeugaufräumen noch nicht aufhört. Wir lernen an ihm, daß unsere weitblickenden Perspektiven mit kleinen Alltagsschritten gepaart sein müssen. Nur in beidem zugleich kann unsere Hoffnung verwirklicht werden. Nur so wird sie konkret.

Auch darin also ist das Kind exemplarisch, daß es unseren Hoffnungen recht gibt und uns zugleich lehrt, daß der Erde treu zu sein auch bedeutet, die Hände nicht sauber halten zu können in den Kleinigkeiten.

Und darum, liebe Eltern und Paten, bitten wir mit Ihnen für dieses Kind, daß es an Ihnen lernen möge, was es heißt, ein Ebenbild Gottes zu sein auf unserer Erde, aufrecht selber zu gehen und die Hoffnung nicht zu verlieren.

Und wir bitten mit diesem Kind für Sie, daß Sie an ihm lernen, was es heißt, annehmen und empfangen zu können, undogmatisch zu vertrauen, zu lieben und zu begleiten, getragen von der Hoffnung, die der Erde treu bleibt.

Wolfgang Lipp

Das Kind muß einen Namen haben

Jesaja 43,1

»Warum lassen Sie Ihr Kind taufen?« Offenbar habe ich da eine sehr dumme Frage gestellt; mit großen Augen, fast etwas ungläubig, schaut mich die junge Mutter an. Zögernd, aber doch bestimmt kommt schließlich die Antwort: »Das Kind muß doch einen Namen haben!«

Ja, denke ich, das Kind muß einen Namen haben. Ich überlege, was dieser Satz bedeutet: Wenn ich den Namen eines Menschen weiß, kann ich ihn bei seinem Namen rufen. Ich kann ihn auf seinen Namen ansprechen. An seinem Namen kann ich ihn von anderen unterscheiden. Der Name, den ein Mensch empfängt, sagt ihm zugleich: Dich gibt's nur einmal. Du bist nicht beliebig austauschbar. Du bist – als Mensch – einzigartig. Unverwechselbar.
In den alten Zeiten war der Name eines Menschen zugleich ein Programm: Überschrift über ein Leben, oft auch beschwörende Formel, Schutzschild vor drohenden Gefahren. Ein Blick in das Namensbüchlein, das die fremdsprachigen Namen übersetzt und die alten deutschen Namen erklärt, macht das ganz deutlich. Neben aller Freude stehen an der Wiege eines Menschen immer auch Ungewißheit und Furcht: Was wird aus dem Kind werden? Wie wird es das Leben bewältigen? Wie wird es Gefährdungen bestehen? Wie wird es seine Chancen nutzen? Ich denke mir: Hinter den wohlklingenden, oft fremdländischen Namen, die junge Mütter und Väter heute ihren Kindern geben, verbergen sich durchaus ähnliche Bedürfnisse, Befürchtungen, Hoffnungen und Wünsche – auch wenn sie in vielen Fällen die ›eigentliche‹ Bedeutung des Namens nicht mehr kennen. Dafür sind es Träume – zahllose Träume von Glück, von Erfolg, von Erfüllung und Liebe –, die sich mit den schönen, fremden Namen verbinden.
»Ja«, sage ich zu der Mutter, »das Kind muß einen Namen haben.« Und ich zitiere die Worte, die ich am Sonntag im Taufgottesdienst über dem Kind aussprechen werde: »Claudia, ich taufe dich auf den Namen des Vaters und des Sohnes und des Heiligen Geistes.« Ich versuche zu erklären, was da geschieht:
Es ist wichtig, daß der Name über dem Kind genannt wird. Dadurch wird deutlich: Du bist gemeint. Kein anderer. Gott redet mit dir. Gott ruft dich bei deinem Namen. Du – ganz persönlich, in deiner Einmaligkeit und Einzigartigkeit – bist für Gott wichtig. Ich denke an das Wort aus dem Alten Testament, über das ich schon bei vielen Taufgottesdiensten gepredigt habe: »Fürchte dich nicht, denn ich habe dich erlöst; ich habe dich bei deinem Namen gerufen; du bist mein!« (Jes. 43,1)). Fürchte dich nicht: Nicht der Name eines Menschen an sich – und sei er noch so wohlklingend, noch so bedeutungsschwer – verbürgt schon Schutz vor drohenden Gefahren, verbürgt ein erfülltes, glückliches Leben. Aber daß Gott diesen Namen kennt, daß er ihn seinem Herzen einprägt, daß er ihn – menschlich gesprochen – in seinen Mund nimmt: Das ist Grund genug, aller Ungewißheit und Furcht zum Trotz auf ein gutes, geborgenes Leben für das Kind zu hoffen.
Aber das ist nicht alles. Schaut man sich die Taufformel genauer an, wird deutlich: Hier geht es nicht um eine Art Namensweihe. Es geht gar nicht darum, dem Kind hier seinen eigenen Namen zu geben. Hier wird – und die Mutter erschrickt zu Recht, als ich das sage – hier wird dem Kind vielmehr ein neuer, ein fremder Name geschenkt: Es wird auf den Namen des Vaters und des Sohnes und des

Heiligen Geistes getauft (vgl. Mt. 28,19). Genauer: Es wird *in* den Namen Gottes *hinein* getauft. Ich sehe dabei ein Bild vor mir: Der Name des Kindes wird nicht ausgelöscht. Aber er wird vom Namen Gottes, vom Namen Jesu Christi wie von einer bergenden, schützenden Hülle umschlossen. »Wie heißt du?« wird man das Kind fragen. Und es darf antworten: Kind Gottes. Gefährte Jesu Christi. Glied an seinem Leib. »Denn ihr alle, die ihr auf Christus getauft seid, habt Christus angezogen«, schreibt Paulus (Gal. 3,27). Das heißt: Wer getauft wird, empfängt einen neuen Namen. Und mit dem neuen Namen zugleich empfängt er ein neues Leben. Christen sind Träger des Christus-Namens. Sie leben ›in Christus‹, und Christus lebt in ihnen (2 Kor. 5,17; Gal. 2,20).

Den Christus-Namen tragen – das ist freilich keine ganz harmlose Sache. Auch dieser Name ist ein Programm, eine Lebensüberschrift: Wer den Christus-Namen trägt, hat teil an der Geschichte Jesu, an seinem Weg. Ein Lied kommt mir in den Sinn, das diese in der Taufe begründete Schicksalsgemeinschaft beschreibt: »Lasset uns mit Jesus ziehen, seinem Vorbild folgen nach ...« Und dann: »Lasset uns mit Jesus leiden, seinem Vorbild werden gleich ...« Und weiter: »Lasset uns mit Jesus sterben ...« Und schließlich: »Lasset uns mit Jesus leben; weil er auferstanden ist, muß das Grab uns wiedergeben ...« (Evangelisches Kirchengesangbuch Nr. 252). Vielleicht erfahren wir das alles heute wieder sehr viel unmittelbarer, sehr viel deutlicher als frühere Generationen: Die Taufe ist keine Selbstverständlichkeit mehr – kein allgemein üblicher, von der guten Sitte geforderter Brauch. Die Taufe hat womöglich Konsequenzen, die das Leben – vordergründig gesehen – nicht gerade leichter machen. Man kann es Eltern kaum verdenken, wenn sie vor solchen Konsequenzen zurückschrekken: Wir wollen doch – so sagen sie – unseren Kindern nichts verbauen.

»Wäre es dann nicht besser, mit der Taufe zu warten, bis die Kinder größer sind und selber entscheiden können?« fragt mich die Mutter. Ich spüre: Ich bin ein schlechter Pfarrer. Statt den Leuten Mut zu machen, ihre Kinder taufen zu lassen, mache ich ihnen angst. Manchmal werde ich selber unsicher: Haben *die* Christen nicht recht, die für die Großtaufe eintreten, weil sie in der Kindertaufe eine Handlung sehen, in der Erwachsene in unzulässiger Weise über das Leben von Kindern verfügen?

Aber dann wird mir klar: Wenn der Weg, den Christen in der Gemeinschaft Jesu gehen, wirklich zum Leben – zum wahren, erfüllten, bleibenden Leben – führt, dann haben wir kein Recht, unsere Kinder davon fernzuhalten, ihnen den Christus-Namen zu verweigern, sie aus der Gemeinschaft des Volkes Gottes auszuschließen. Daß am Beginn dieses Weges die Taufe steht, hat seinen tiefen Sinn: Hier wird – noch vor dem ersten Schritt – das Ziel dieses Weges bereits vorweggenommen. Das heißt: Wir müssen das Leben nicht selber verdienen, erwandern, erarbeiten, durch unseren Einsatz erwerben. Es wird uns geschenkt – bevor wir noch den ersten Schritt auf dem Christus-Weg gegangen sind. Wieder ist es Paulus, der uns darauf aufmerksam macht: Wer getauft ist,

ist mit Christus gestorben. Er hat – in diesem Sinne – seinen Tod hinter sich. Und: Wer getauft ist, ist mit Christus zu neuem Leben erweckt. Dieses Leben ist für ihn nicht fernes Ziel, sondern gegenwärtige Wirklichkeit (vgl. Röm. 6,3–11). Das schließt nicht aus, daß sich Christen nun – ganz im Sinne des oben zitierten Liedes – auf den Weg machen: Was ihnen in ihrer Taufe geschenkt wurde, soll in ihrem alltäglichen Leben, in ihrer Biographie Gestalt gewinnen. Paulus sagt: Ihr habt das Christusleben – nun ›wandelt‹ auch entsprechend (Röm. 6,4). Die Taufe ist beides zugleich: Einmaliges, grundlegendes Geschenk am Beginn des Weges – und ein Schritt, der *täglich neu* gewagt, gegangen, verwirklicht werden will.

»Das Kind muß doch einen Namen haben«: Ich denke, ich kann mich mit der Mutter auf diesen Satz einigen. Soll unser Leben, soll das Leben unserer Kinder einen Sinn haben, braucht es in der Tat einen ›Namen‹ – ein Programm, eine Überschrift, eine Richtung, ein Ziel. Unverantwortlich wäre es, wollten wir unseren Kindern eine solche Lebensüberschrift verweigern. Sicher: Es gibt viele ›Namen‹, die wir unseren Kindern geben können. Und daß allein der Christus-Name Heil und Rettung bedeutet (Apg. 4,12), kann man keinem zwingend beweisen. Gott befreit von Furcht: Angesichts der Ungewißheiten und Befürchtungen, mit denen wir auf das Leben unserer Kinder blicken müssen, ist dies freilich ein großartiges Angebot. Getauft werden heißt: den eigenen Namen, den eigenen Lebensplan in den Namen Jesu Christi, in *sein* Leben zu bergen wie in ein schützendes Gewand (vgl. Röm. 13,14; Eph. 4,24; Kol. 3,10). Gott befreit von Furcht: Das ist zugleich mehr als ein Angebot. Das ist eine Erfahrung, die unzählige Träger des Christus-Namens auf ihrem Taufweg immer wieder machen durften. Ein Weg, der ganz gewiß nicht nur auf den Höhen des Lebens entlangführt, sondern auch dunkle Täler kennt (Ps. 23,4). Ein Weg aber, den keiner allein geht: Wer getauft ist, wird Weggefährte Jesu. Er hat Brüder und Schwestern zur Seite, die den gleichen Namen tragen und den gleichen Weg gehen, die seit ihrer Taufe das gleiche, unverlierbare und unzerstörbare Ziel in sich tragen.

Karl-Heinrich Bieritz

Du darfst von dir absehen

Text: Jesaja 43,1

Wenn ein Mensch geboren wird, beginnt nicht nur ein Leben, dann beginnt ein Kampf. Wer das Leben bestehen will, muß einen Kampf bestehen. Die Widersacher lauern überall. Unsere Welt ist den menschlichen Wesen, die in ihr heranwachsen, durchaus nicht freundlich gesonnen. Und nicht selten ist gar der Mensch des Menschen ärgster Feind geworden. Wenn man diesen Kampf be-

stehen will, muß man auf der Hut sein. Deshalb bringen wir es unseren Kindern frühzeitig bei, was wir selbst aus Erfahrung als wichtig für unser Leben erkannt haben: Man darf sich nicht gehen lassen. Man muß mißtrauisch sein. Man muß sich zusammenreißen. Wer etwas werden will, muß – leider, leider, aber es ist nun einmal so, der muß sich ins rechte Licht zu rücken verstehen, der muß sich – egal wie – an den Ort manövrieren, an dem man ihm Beachtung schenkt.
Wir meinen es gut mit unseren Kindern, wenn wir ihnen das beibringen, ganz gewiß! Aber wir wissen doch: Das ist nicht das ganze Leben, nicht das wirklich glückliche Leben, das wir uns wünschen. Während wir uns so durch das Leben kämpfen, begleitet uns die Sehnsucht, einmal nicht auf der Hut sein zu müssen, einmal uns nicht mißtrauisch in acht nehmen zu müssen, wenigstens von Zeit zu Zeit einmal die Sorge für das Leben einem anderen überlassen zu dürfen. Manchmal versuchen wir es! Aber dann ist die Angst unser Begleiter: Wer wird als erster unsere momentane Schwäche, unsere Schutzlosigkeit, unsere Vertrauensseligkeit ausnutzen? Riskieren wir nicht zu viel?
Wir wissen, so wie wir es machen, leben wir unser Leben nur halb. Denn wer sich ständig selbst in acht nehmen muß, wird blind für den anderen. Wer sich selbst in den Mittelpunkt stellt, stellen muß, wenn er etwas werden will, wird tausend Enttäuschungen erleben, die ihm zeigen, daß er ganz unwichtig ist.
Trotzdem geht es offenbar nicht anders: Man muß sich selbst in acht nehmen. Man darf sich nicht gehen lassen; auch wenn man dabei ein großes Glück verspielt zugunsten eines kleinen Glückes.
Aber wenn ihr mit eurem kleinen Glück noch nicht die Sehnsucht nach dem großen Glück verlernt habt und wenn ihr eure Kinder lehren wollt, auch in ihrem Leben wenigstens von Zeit zu Zeit einmal befreit zu sein von dem leidigen Zwang, auf sich acht geben und sich selbst wichtig nehmen zu müssen, dann hört auf eine kleine Geschichte, die ich euch jetzt erzählen will. Sie klingt wie ein Märchen. Aber ich kann euch sagen, ich habe sie schon mehr als einmal selbst erlebt.
Die Freunde Jesu waren auf einem Schiff, mitten auf einem See. Da sehen sie Jesus auf dem Meer gehen. Petrus will zu ihm. Er verläßt das relativ sichere Schiff und tritt auf das Wasser. Petrus nimmt sich in acht. Es sind Augenblicke höchster Konzentration. Die ganze Welt um ihn versinkt. Alles wird unwichtig. Auf ihn allein kommt es jetzt an. Petrus nimmt sich zusammen. Er sieht nur sich und seine Situation. Da spürt er, daß er sinkt; er spürt, daß ein Abgrund sich unter ihm auftut. Er spürt, daß er auf unsicherem Boden steht, der ihn nicht trägt.
Und da tut er etwas, was er sein Leben lang nicht mehr vergessen wird. Er hört auf, an sich zu denken und auf sich zu schauen. Er vergißt sich und seine Situation. Er selbst wird ganz unwichtig. Er verlegt seinen Schwerpunkt gleichsam aus sich heraus. Er sieht von sich ab. Er sieht auf Jesus. – Da trägt ihn das Wasser.
Ich sagte, daß ich diese Geschichte selbst schon mehr als einmal erlebt habe.

Es ist eine ganz alltägliche Geschichte. Jeder kann sie erleben, der es lernt, sich selbst zu vergessen, in gewisser Weise nicht mehr selbst zu gehen, sondern sich gehen zu lassen, von sich selbst abzusehen.
Diese Kunst kann aber nur der lernen, der weiß, daß er gesehen wird, auch wenn er auf der Schattenseite des Lebens steht; der weiß, daß er gehört wird, auch wenn sein Mund vor Entsetzen verstummt; der weiß, daß er getragen wird, auch wenn er selbst keinen Schritt mehr tun kann.
Das aber kann der, der sich die Worte zu eigen macht, die wir euren Kindern als Taufspruch mit auf den Weg geben wollen.
So spricht Gott zu euren Kindern: »Fürchte dich nicht, denn ich habe dich erlöst; ich habe dich bei deinem Namen gerufen, du bist mein!«
Du darfst von dir absehen, denn Gott sieht auf dich. Du brauchst dich nicht so wichtig zu nehmen, denn für Gott bist du unendlich wichtig. Du brauchst dich nicht in Sorgen zu verzehren, denn Gott sorgt sich um dich. Du brauchst dich nicht selbst ins rechte Licht zu setzen, denn Gottes Licht fällt auf dich. Du brauchst nicht krampfhaft etwas Besonderes aus dir zu machen, denn für Gott bist du einmalig! Und wenn die Zeit kommt, in der niemand mehr an dich denkt, Gott kennt deinen Namen, den wir heute bei der Taufe über dir aussprechen.
Sagt das euren Kindern, wenn sie euch später vielleicht einmal nach dem Sinn ihres Taufspruches fragen. – Wenn sie euch dann verstehen, habt ihr ihnen das große Glück geschenkt. Das kleine Glück im Leben können sie sich selbst erkämpfen. Das große Glück müßt ihr ihnen schenken.

Erhard Lerch

Von der großen Güte

Text: 1. Johannes 3,1

Liebe Eltern und Paten! Gerne würden Sie heute schon einen Blick in die Zukunft werfen und das, was Sie mit Ihrem Kind und für das Kind tun, an dem ausrichten, was ihm bevorsteht. Wir ahnen, daß wir uns kaum ausdenken können, was sich alles gewandelt haben wird, bis Ihr Kind groß, erwachsen geworden sein wird. Ich möchte mir trotzdem einmal ausmalen, was Sie im Tagebuch Ihrer Tochter lesen können, wenn sie volljährig ist, im Jahr 2000:
»Liebes Tagebuch, ich muß noch loswerden, was in unserm kleinen Kreis los war, als wir uns heute abend in dem leerstehenden Kontor trafen. Wir haben meinen Tauftag (und einen Geburtstag) gefeiert. Früher war das wohl nicht üblich, da gab man auf die Taufe nicht viel. Aber seit dem großen Versagen im zentralen Personendatenspeicher des Landes sind auf einmal jedem Menschen seine persönlichen Lebensdaten so wichtig geworden. Und Taufe, auch wenn

sich kaum einer an seine eigene erinnern kann, ist etwas Besonderes: denn wer getauft ist, weiß, er darf sich unabhängig fühlen, auch in dieser Zeit, wo alles vorbestimmt zu sein scheint, unser Schicksal programmiert, er darf sich handlungsfähig fühlen, wo Unsicherheit alle täglich beschleicht.
Wir haben uns zu einer Fotoschau von früheren hohen Tannenwäldern zusammengefunden, auch von Menschen, die abgerissen und geschunden im Meer trieben und gerettet wurden, haben unser Lieblingslied angehört: »Ich bete an die Macht der Liebe, die sich in Jesus offenbart.« Seitdem wir wissen, daß noch vor wenigen Jahren Soldaten zur Waffenanwendung, ja zur Vernichtung der Menschheit ausgebildet wurden und bei ihrer Vereidigung dies Lied feierlich gespielt bekamen, ohne den Text zu erfahren, singen wir diesen jetzt bewußt dazu.
Und dann haben wir beschlossen, uns endgültig BGG zu nennen: »Bund der Großen Güte«. Denn das glauben wir in unserm Kreis alle, daß wir jeden Tag unseres Lebens einer Großen Güte verdanken. Und wir haben in einer alten Bibel einen Satz angestrichen gefunden: Sehet, welch eine Liebe hat uns der Vater (so nannte man damals noch die Große Güte, von der wir leben) erzeiget, daß wir »Gottes Kinder« heißen sollen und es auch sind!
»Vater« und »Kinder« – das ist uns nach dem Anschlag auf den regionalen Grundbuchcomputer besonders wichtig. Die Leute haben sich ja von diesem Schock noch nicht erholt, daß niemand mehr nachweisen kann, welches Haus und welches Grundstück er von wem geerbt hat oder aber zu beanspruchen hat. Was gibt es jetzt für Streit! Wir aber wissen, wir sind reich beschenkt von der Güte, die wir Vater nennen. So haben wir heute abend auch ausgemacht, daß wir eine Gemeinschaft gründen wollen, in der wir einander versprechen, alles zu teilen, was knapp ist, vor allem die Arbeit für Lohn. Und wir wollen auch den Jungen einbeziehen, der im Gefängnis sitzt, wenn er rauskommt, der wegen des Zugriffs der Personalchefs zu den Daten der Bewerber doch nie mehr eine Chance hat. Wir haben's ihm am Bildschirmtelefon schon gesagt. Am Schluß wurd's ganz still, als einer den Bildschirmtext eines alten Gebets, das keiner mehr richtig kennt, abrief und einblendete und laut las. Es heißt »Unser Vater in dem Himmel ...« Ich bin froh, daß ich von der Großen Güte weiß, die seit Jesus immer wieder Menschen trotz dem Kampf ums Dasein miteinander gelebt haben.«
Liebe Eltern, liebe Paten, wären Sie bestürzt oder wären Sie froh, wenn Sie eines Tages beim Blick ins Tagebuch Ihrer Tochter das läsen? Sie haben jetzt schon jeden Tag die große Chance, Ihr Kind die große Güte dessen, den wir gemeinsam unsern Vater nennen, spüren zu lassen. Dies zu erleben, könnte für Ihr Kind wichtiger werden als andere Starthilfen fürs Leben.

Georg Blum

Sorget nicht!

Text: Matthäus 6,25–33

Sorget nicht!
Keiner von uns wird annehmen, daß die Sorgen heute abend, wenn wir heimkommen, weniger sein werden als heute morgen. Dies gleich vorweg gesagt. Spätestens morgen früh holt uns wieder ein, was wir am Freitag verlassen haben.
Sorget nicht!
Keiner von uns geht davon aus, daß die Sorgen, die eine Kindererziehung so mit sich bringt, kleiner werden durch eine Taufansprache. Da wollen wir uns nichts vormachen. Jeder Tag hat seine eigene Plage und jedes Alter seine eigenen Probleme.
Sorget nicht!
Das ist ein hartes Wort. Und zugleich ist es wie ein Traum.
Wie ein Traum: endlich einmal die Sorgen los zu werden und den Streß. Wie angenehm wäre das, wenn der Berg vor einem einmal abgetragen wäre. Das Wort riecht so nach Ausspannen und Abschalten. Es schmeckt nach Urlaub und Erholung. Wie ein Traum.
Und zugleich ein hartes Wort: es fordert einen Verzicht. Denn es ist ja gar nicht so leicht, einfach die Sorgen herzugeben. Wir hängen doch an ihnen. Was wären wir, wenn wir unsere großen und kleinen Sorgen nicht hätten? Wir brauchen's uns jetzt nicht vorzurechnen, aber jeder hat ein Gespür dafür, daß die Sorgen uns nicht loslassen, wir sie aber auch nicht.
Sorget nicht!
Ein Wort wie ein Traum und ein Wort voller Härte, weil wir nicht nur nicht *können,* sondern auch nicht *wollen.*
Und darin ist es nun auch ein zweispältiges Wort, daß wir es auch nicht *dürfen.* Sorglosigkeit ist ja nun denn doch das Allerletzte, das wir uns leisten dürften: Sorglosigkeit zum Beispiel im Verkehr, Sorglosigkeit in der Friedensfrage.
Was wären das für Eltern, die sich nicht um ihr Kind sorgen würden? Das geht ja schon los bei den Vorsorgeuntersuchungen und Impfungen. Und da kommt einer dann schnell zu der tieferen Sorge: Wie mache ich es recht für mein Kind? Wie bewahre ich mein Kind im Umbruch der Zeiten – und vor meinen Ängsten, Hoffnungen, Verletzungen? Sorgen, die uns nicht loslassen dürfen.
Nicht-Sorgen: wir können es nicht, wir wollen es nicht und wir dürfen es nicht.
Was soll dann das Wort Jesu?
Zwei Punkte will ich herausgreifen, einen zeitlichen und einen räumlichen.

Zuerst zum Zeitlichen.

Das Wort Jesu: Sorget nicht! ist eine heilsame Unterbrechung.
Wir haben das besprochen, daß uns spätestens morgen früh unsere Sorgen wieder einholen. Aber jetzt, solange wir Jesu Wort nachdenken, ist unser Sorgen unterbrochen.
Wir hören, wir besinnen uns, wir treten sozusagen einen Schritt zurück. Wir lassen uns aus dem Einerlei des Alltags herausrufen und bedenken, was das Wort Jesu für unser Leben bedeuten könnte, für unsere Tage und für die Jahre mit dem Kind. Und schon ist alles unterbrochen. Das Wort Jesu ist wie ein Einschnitt, wie ein Einschub. Wir werden daran erinnert, daß das Leben mehr ist als das Sorgen und Rackern des Alltags.
Das Wort Jesu unterbricht uns.
Und so ist ja auch dieses Fest heute nachmittag, das wir in seinem Namen feiern.
Wir haben uns schön gemacht, sind teils von weither angereist. Wir singen und beten miteinander, reden, essen und trinken. Wir freuen uns aneinander und an der Freundlichkeit Gottes.
Wir brauchen solche Feste in unserem Leben. Sie sind Markierungspunkte, Ereignisse, die im Gedächtnis haften bleiben; erinnerbare Daten des Zusammenseins und Wohlbefindens.
Feste unterbrechen den Alltag. Und dann ist Mühe und Plackerei leichter erträglich, wenn das Fest in uns noch nachklingt. Sorgen und Arbeit sind leichter zu bewältigen, wenn ich Bruderschaft erlebt habe. Die Arbeit und das Kinderwikkeln geht lockerer von der Hand, wenn ich die Wärme des Miteinanders erfahren habe.
Die Sorgen werden uns wieder haben und der Alltag und die Plage. Aber wir feiern, weil in der Tiefe noch etwas anderes gilt: das Heil, zu dem uns Gott bereitet hat. Wir können unser Leben durch das Sorgen nicht verlängern, nicht einmal gewinnen, und schon gar nicht sichern. Aber wir brauchen es auch nicht. Wir haben einen Namen – bei der Taufe uns gegeben. Er gilt vor Menschen und vor Gott. Unter diesem Namen sind wir gerufen, getragen, geliebt und gehalten. Darum feiern wir heute.
In dieses Fest weist uns das Wort Jesu ein: Sorget nicht! Eine heilsame Unterbrechung – und wie ein Traum. Denn wir feiern die Freundlichkeit Gottes, daß sein Reich bei uns anbricht, Anlaß genug für die Freude des Festes. So war das schon bei Jesus und seinen Jüngern. Darum singen und beten wir heute, essen und trinken – im Angesicht Gottes und miteinander.
Ihr, liebe Eltern und Paten, werdet mit euren Kindern neben vielen Freuden noch manchen Kummer durchstehen. Dann laßt euch durch Jesu Wort immer wieder unterbrechen. Vielleicht ändert das nicht viel. Aber vielleicht werdet ihr immer wieder etwas gelassener und fröhlicher, weil ihr wißt, daß euer Kind geborgen ist in Gottes Liebe, auch wenn es euch Sorgen bereitet.

Eine heilsame Unterbrechung – das war das eine. Das andere könnte man überschreiben: ein göttliche Weite.
Es ist ja nicht von ungefähr, daß Jesus als Bild die Lilien heranzieht und die Vögel.
Lilien – sie gehören zum Unkraut Palästinas. Gras werden sie danach genannt. Und wer einmal das Gras gerochen hat, der vergißt die Erde nicht mehr, Gottes weiten und geliebten Erdboden. Er bleibt der Erde treu mit ihren Sorgen, und wie! So daß er sogar das Unkraut schmückt noch schöner als Salomo in seiner Pracht!
Und die Vögel: – wieviel Lieder kennen wir von ihrer Freiheit, vom Schweben, von Luft und von Höhe. Berge kommen in den Sinn und die Weite des Blicks über die Gipfel. Oder die Dünen mit ihrem Kraut, und dann taucht das Meer auf: Wellen und Weite.
Schaut die Lilien an! Seht die Vögel!
So ist Gott. In seiner Weite hat jeder Platz. Und wenn uns unsere Sorgen bedrücken und einengen, dann ruft uns Jesu Wort heraus aus unserer Enge, ruft uns hinein in die Weite Gottes; aus unserer Betriebsamkeit und Kleinlichkeit in den freien Raum der Liebe Gottes. Suchet zuerst Gottes Reich! Dann wird euch alles andere zufallen.
Wie ein Geruch von Freiheit.
Wo immer wir hingehen, Gottes Liebe reicht weiter. Wo immer eure Kinder hingehen, seine Liebe umgreift sie. Und daraus kann keiner fallen.
Eure Kinder werden Schritte machen, eigene Schritte. Und ihr werdet sie nicht halten können und nicht bewahren. Aber ihr sollt wissen, daß sie im weiten Raum der Liebe Gottes bewahrt werden, wo immer ihr Weg hinführt. Sie bleiben gehalten in den Steinen eines Berges, in den sandigen Dünen und auf stürmendem Wasser.
Schaut die Lilien an! Sehet die Vögel!
Und wieviel mehr eure Kinder. Dies zu wissen, kann manche Sorgenfalte glätten.
Sie erhalten heute einen Namen vor Gott. Und Gottes Name wird über ihnen gesprochen. Sein Reich und seine Liebe gelten für sie. Sie bleiben in Gottes gutem Geleit, auch wenn ihr sie nicht mehr begleiten könnt.
Sorget nicht!
Die Lilien blühen zwischen den Steinen. Und wo die Lilien blühen, blüht Gottes Liebe. Die Vögel fliegen über die Häuser und über die Gräber. Und so weit sie fliegen, reicht Gottes Liebe. Darauf ist Verlaß für unser Leben und für das eurer Kinder.
Darum: Gehet nicht auf in den Sorgen dieser Welt!

Wolfgang Lipp

Glaube und Freiheit

Text: Galater 5,1

Liebe Taufgemeinde, liebe Familie Sch., ich freue mich sehr, daß wir jetzt hier versammelt sind, um M. zu taufen. In der vergangenen Woche haben wir intensiv miteinander gesprochen. Ich denke gern daran, wie sehr wir hinsichtlich der Taufe übereinstimmten. Wir waren einhellig der Meinung: Es »gehört sich« zwar in unserer Gesellschaft, seine Kinder taufen zu lassen; aber das ist nicht das Entscheidende. Viel wichtiger ist: Gott handelt, er nimmt sich seines Geschöpfes an.

Schwieriger wurde unser Gespräch, als es um die Frage nach den Konsequenzen ging. Wir hatten Probleme, uns gegenseitig zu verdeutlichen, wie unser Glaube im alltäglichen Verhalten sichtbar werden kann. Einig waren wir uns darin: Es gibt keine Rezepte. Offen blieb die Frage: Gibt es Tendenzen in der Erziehung, die der Frohen Botschaft mehr entsprechen als andere?

Nach unserem Gespräch habe ich weiter daran herumgedacht. Meine Gedanken kreisten um ein Bibelwort und um einen Kinderfilm, den ich mehr oder weniger zufällig im Fernsehen sah.

Das Bibelwort: Christus hat uns befreit; er will, daß wir auch frei bleiben. Dieses Wort wird M.s Taufspruch sein. Die Geschichte, die in dem Film erzählt wurde, ging etwa so:

Ein Junge und ein Mädchen sind im »Land der Narren« gelandet. Als ersten begegnen sie einem Bauern und seiner Frau. Es sind zwei freundliche Menschen mit Narrenkappen auf dem Kopf. »Guten Tag«, sagen sie zu den beiden Kindern, »kommt und eßt mit uns!« Nun ist der Junge aber kein Narr, sondern ein Kind unserer Wohlstandsgesellschaft. Er weiß: Ohne Leistung keine Gegenleistung. Er vermutet also, daß der Bauer ihm etwas verkaufen will. Er lehnt daher die Einladung ab.

Mit knurrendem Magen gehen die beiden weiter, der Weg strengt sie an. Da hält ein Gemüsehändler mit seinem Wagen an. »Steigt auf!« ruft er, »ich nehme euch ein Stück mit.« Aber wieder wittert der Junge eine Falle. »Wahrscheinlich verlangt er als Lohn von mir, daß ich nachher die Kisten ablade.« So denkt er – und lehnt ab. Doch damit nicht genug. Als der Junge bemerkt, daß diese Narren tatsächlich alles verschenken, da läßt ihm das keine Ruhe. Er rechnet dem Gemüsehändler vor, welch gute Geschäfte er machen kann, wenn er für das Mitfahren kassiert. Den Bauern berät er bei der Eröffnung einer Imbißhalle. Nach einiger Zeit ist in dem Land der Narren alles so, wie es der Junge und das Mädchen von zu Hause kennen. Als das Mädchen das bemerkt, trennt sie sich von ihrem Freund. Es gefällt ihr nicht mehr im Land der Narren. Die Menschen sind profitorientiert, nichts kommt mehr von Herzen, es zählen nur noch Leistung

und Gegenleistung.
Schon während der Film lief, stellte ich mich spontan auf die Seite der Narren. So einer wollte ich gern sein: einer, der gern gibt, nicht so ein geschäftlich orientierter Typ. Nur: manchmal werde ich stutzig. Ganz so selbstlos bin ich ja gar nicht. Ich sehe schon zu, daß ich nicht zu kurz komme, und ich investiere gern etwas dafür, daß ich mich wohl fühle. Und nicht immer gelingt es mir, die freundliche Zuneigung eines anderen Menschen einfach anzunehmen, ohne dahinter die Forderung nach Gegenleistung zu wittern. »Gibst du mir, geb' ich dir«, das steckt tief in mir drin, und diese Einstellung begegnet mir auch auf Schritt und Tritt.
Vielleicht bemerken sie das bei der Erziehung ihrer Kinder: Es ist leicht, ein Kind für das zu loben, was es produziert, was es gibt: »Ein schönes Häufchen hast du gemacht!«, »Ein hübsches Bild hast du mir gemalt!«, »Eine gute Arbeit hast du geschrieben!«. Viel schwerer aber ist es, ein Kind für das zu loben, was es emotional leistet: Dafür, daß es sich in der Welt zurechtfindet; dafür, daß es selber aussucht, wen es mag und wen nicht; dafür, daß es Wut den Eltern gegenüber ausdrücken kann; dafür, daß es spontan weinen und lachen kann.
Materielle Leistungen werden eher honoriert als emotionale.
Immerhin: Gute Gründe gibt es dafür genug. Das Leben ist schließlich kein Kinderspiel, Karriere geht nun mal vor Liebe, Festhalten bringt mehr ein als Loslassen: das lehrt uns der Alltag.
Was muß das für ein Glaube sein, der als Freiheit erkennbar wird! Der der alltäglichen Erfahrung standhält. Der sich nicht einpassen läßt. Ein Glaube, der dem Zwang zur Leistung entgegensteht. Mit einer profitorientierten Leistungsgesellschaft hat er nichts gemein. Der Taufspruch für M. will das zum Ausdruck bringen: »Christus hat uns befreit; er will, daß wir auch frei bleiben.« Ob hier nicht eine Tendenz für die Erziehung angesprochen ist, die der Frohen Botschaft mehr entspricht als die andere?!
Mit der Taufe sprechen wir M. diese Freiheit im Namen Gottes zu. Ich wünsche ihr von Herzen, daß sie ihr nicht verloren geht. Das hätte sicher Auswirkungen auf ihr alltägliches Leben. Ihr bliebe bewußt, daß es die schönsten Dinge im Leben umsonst gibt.
Das kommt auch in einem Lied zum Ausdruck, dessen Text ich zum Schluß vorlesen möchte:
»Sie meinen, sie hätten schon alles,
weil jeder so leicht vergißt:
Da ist manches Wunderbare auf der Erde,
das als Ware leider unerschwinglich ist.
Kauf dir das Lied, das die Nachtigall singt,
kauf dir, daß einer dich mag.
Kauf dir, daß am Straßenrand ein Vagabund dir winkt,
kauf das Lachen vom vergangenen Tag!

Kauf dir das Raunen des Grases im Wind –
kauf dir ein zärtliches Du –
kauf dir, wenn einmal das Leben verrinnt,
eine Sekunde dazu!
Kauf dir das Lied, das die Nachtigall singt –
Liebe, die treu zu dir hält.
Kauf dir das Glück, das nur Zweisamkeit bringt –
keiner auf der Welt hat so viel Geld.«

Helmut Liersch

Mit Gottes Geist begabt

Text: 2. Timotheus 1,7

Nun ist es also so weit! Heute wollen wir Euern Tobias taufen. Tobias, das ist ja nicht nur ein klangvoller Name. Das ist auch ein Name mit einer sehr schönen Bedeutung. Ein hebräischer Name. Er heißt auf deutsch: Gott ist gut! Nun ist zwar Euer Tobias nicht das Christkind, auch wenn wir ihn so kurz vor Weihnachten taufen und das Licht vom Advent sich schon in seinen Augen widerspiegelt. Aber vielleicht erlebt ihr Eltern und Großeltern, daß sich durch den kleinen Tobias nicht nur euer Leben erheblich geändert hat: früh aufstehen, Service vorn und Service hinten erledigen, Babysitter suchen, Beruf und Haushalt miteinander verbinden, Vater-, Mutter-, Großmutterpflichten übernehmen. Vielleicht erlebt ihr auch, daß euer ganzes Leben durch diesen Tobias eine neue Dimension, eine neue Perspektive erhalten hat.
Solch ein kleines Kind, euer Tobias, läßt uns das Staunen wieder lernen! Ja, Gott ist gut! Mitten hinein in ein Leben, in dem wir mit Verlusten zurechtkommen, ja auch mit Angst leben müssen, mitten hinein in dieses Leben, in dem wir uns manchmal am Ende fühlen wie die Hirten auf dem Feld in Bethlehem, wird euch mit diesem Kind gesagt: Tobias, das heißt: Gott ist gut! Und was bedeuten da schon unsere erwachsenen Einwände und unsere von Fragen umstellten Zweifel, wenn wir ihn anschauen, den Tobias, mit seinen großen, wachen Augen! Ja, das stimmt, Tobias, du bist sozusagen das sichtbare Zeichen der unsichtbaren Güte Gottes in unserem Leben!
Du bist ein Geschenk! Und weil du ein Geschenk bist und nicht einfach der Privatbesitz deiner Eltern, deshalb sollst du heute auf den Namen Gottes getauft werden. Weil du aufwachsen wirst und nicht nur einen Dickkopf, sondern einen richtigen eigenen Willen bekommen wirst, weil du eigene Wege suchen wirst und nicht einfach ausgetrampelte Pfade gehen, deshalb taufen wir dich heute auf den Namen Jesu, der dein Wegweiser sein will, dein Freund und Begleiter, auch dein Herausforderer und Tröster. Und weil du in eine Welt geboren worden

bist, mit der wir Menschen so umgehen, als seien wir von allen guten Geistern verlassen, darum taufen wir dich heute auf den Namen des lebenschaffenden, guten, heiligen Geistes Gottes!
Und damit das spürbar und sichtbar für dich und uns alle wird, deshalb nehmen wir zur Taufe das Wasser. Das Wasser, das so beweglich und lebenschaffend und erquickend ist wie der Geist Gottes.
Dein Taufspruch sagt uns mehr von diesem Geist: Da lesen wir im 2. Timotheusbrief: »Gott hat uns nicht einen Geist der Verzagtheit gegeben, sondern den Geist der Kraft, der Liebe und der Besonnenheit.«
Lieber Tobias, du bekommst natürlich kaum etwas mit von deiner Taufe und wirst wahrscheinlich nichts davon behalten. Aber lies einmal später den ganzen 2. Timotheusbrief durch. Es ist ein schöner Brief. Paulus hat ihn an seinen Mitstreiter geschrieben zur Ermutigung. Und er erinnert den Timotheus an den Glauben, der schon die Eltern und Großeltern gestärkt hat. Und er nennt die Großmutter dabei beim Namen und die Mutter auch. Und die Großmutter heißt Lois. Und wer von uns denkt da nicht an Luise, an Ingeluise! Es ist gut, Eltern und Großeltern zu haben, die dich auf den Weg des Geistes Gottes führen wollen.
Was wird von diesem Geist Gottes gesagt?
1. Gott hat uns nicht gegeben den Geist der Verzagtheit. Den geben wir uns oft genug schon selbst. Und es scheint, als ob in diesen Tagen dieser Geist unter vielen ansteckend wirkt. Ja, es gibt Grund, über vieles verzagt zu sein. Das wirst du in deinem Leben auch erfahren. Dann wirst auch du sagen, es hat alles keinen Sinn mehr. Ich wünsche dir, lieber Tobias, daß du Menschen findest, bei denen du dann deine Traurigkeit nicht verbergen mußt und deine Verzagtheit nicht hinter Masken verstecken. Die Bibel ist voll von Geschichten, in denen Menschen verzagt waren. Ich denke an Moses, als er vom Sinai kam. Ich denke an Elia am Bache Krit. Ich denke an Jeremia, der nicht mehr Prophet sein wollte. Gewiß, wir Christen dürfen und brauchen nicht in die monotone Melodie der Verzagtheit einzustimmen. Gewiß ist aber auch: Gott läßt die Verzagten nicht im Stich.
2. Gott hat gerade den Verzagten, den Kleinen, den Kleingläubigen, gerade den Schwachen den Geist der Kraft gegeben. Im Griechischen steht für Kraft das Wort Dynamik. Und wenn du etwas von der Dynamik deiner Großmutter – ich kenne ja nur die eine besonders gut – abbekommen hast, dann kann ich dir nur von Herzen gratulieren. Diese Kraft Gottes wird dir Mut zur Zivilcourage machen. So wünsche ich dir, lieber Tobias, daß du dich nicht nur durchsetzt, wenn sie dich beim Murmelspiel übers Ohr hauen wollen. Ich wünsche dir die Kraft Gottes, die für Gerechtigkeit kämpft und die keine Ruhe gibt, solange noch ein Kind auf dieser Welt verhungern muß, während wir uns zu Tode rüsten. Ich wünsche dir, daß du mit deinen Eltern und Paten lernen kannst von dem sanftmütigen Jesus, dessen Wort doch scharf war wie ein zweischneidiges Schwert. Ich

wünsche dir, daß du Widerstand zu leisten lernst im Namen Gottes, im Geist seiner Stärke, die in den Schwachen mächtig ist.

3. Und damit bin ich beim dritten: Der Geist der Kraft Gottes ist immer ein Geist der Liebe, nie ein Geist der Gewalt. Ich wünsche dir, lieber Tobias, daß du aufwächst im Geist solch verschwenderischer Liebe, die dich annimmt und bejaht und in die Arme schließt, gerade dann, wenn du so heulen mußt wie jetzt im Augenblick, weil alles nicht so ganz geheuer für dich ist, was um dich herum geschieht. Ich wünsche dir, daß du dich angenommen fühlst, auch dann, wenn du einmal für die Klavierstunde nicht gründlich geübt hast. Aber darum ist mir eigentlich auch gar nicht bange, wenn ich so beobachte, wieviel Augen dich liebevoll anschauen hier in der Runde! Ja, der Geist der Kraft und der Liebe zusammen werden dir helfen, die Grenzen zu finden zwischen dem, was gut ist für dich und für andere und was dir und anderen schadet.

4. Nun bist Du ganz ruhig geworden. Und alle hier im Kindergottesdienst sind etwas ruhiger geworden. Da kann ich dann noch etwas von dem Geist der Besonnenheit erzählen. Das scheint ja eine seltsame Pflanze zu sein: Besonnenheit! Was ist damit gemeint? Gemeint ist: Rück-Besinnung auf Erfahrenes und Vor-Sicht ins Morgen und Übermorgen. Also nicht Mundhalten aus Angst, sondern Durchhalten aus Liebe. Nicht feige Selbstsicherung um jeden Preis, sondern tapferes Sich-Besinnen auf die wichtigen Fragen: Wer bin ich? Wozu lebe ich? Was ist mit den anderen Menschen? Was will Gott von mir? Ich wünsche dir, lieber Tobias, daß du Menschen findest, mit denen du über solche Fragen offen reden kannst. Ich weiß von deinen Eltern, daß sie dich nicht mit billigen Antworten abspeisen werden, sondern mit dir zusammen auf die Suche gehen werden nach dem Geist Gottes und dem Wort Jesu, die kein Ruhekissen sind für Nichtstuer oder Denkfaule. Wohl aber macht solcher Geist Mut zu nüchterner Zielbeschreibung mit Fernsicht, die uns angesichts von Mißerfolgen und Rückschlägen stets auf Veränderung hoffen läßt.

5. Dies alles, den Geist der Kraft, der Liebe und der Besonnenheit gibt Gott nicht dir allein, lieber Tobias. In deinem Taufspruch heißt es: Gott gibt diesen Geist *uns*, uns allen. Er möchte also keine Glaubenshelden oder Privatheiligen aus uns machen. Er möchte, daß wir lernen, in der Gemeinschaft Christ zu sein. Deshalb wirst du heute mit der Taufe in die Gemeinde aufgenommen. Deshalb erinnert uns deine Taufe daran, daß wir alle Getaufte sind. Wir freuen uns, daß du nach dem Willen Deiner Eltern und Paten dazugehören sollst. Wir hoffen, daß du dich bei uns wohl fühlst auf dem Weg, den Gottes Geist uns weist.

Hans-Joachim Curth

Für Gegenwart und Zukunft

Text: Markus 10,14

Liebe Taufgemeinde und ganz besonders: liebe Eltern und Paten! M. ist ihre ersten Schritte ins Leben gegangen; erst still liegend, versorgt werdend, dann krabbelnd, dann laufend, lebhaft, vieles untersuchend, in die Welt schauend, einmal mutig, dann auch wieder ängstlich – an eurer Hand, liebe Eltern.
Nun folgt L. in sommerlicher Zeit geboren, atmosphärisch einen ersten tiefen Sommer erlebend, ihren ersten Schritt ins Leben setzend, obwohl sie ja noch nicht laufen kann. – Aber wir wissen: die Zeit vergeht schnell. Mit dem Vergehen der Zeit gehen auch unsere Kinder. Und von den kleinen Kindern heißt es:
»Deine Schritte sind noch klein,
morgen gehst du schon allein,
gehst woanders aus und ein,
morgen wird bald heute sein« (L. Zenetti).
Laufen lernen Kinder schnell. Aber daß sie in die richtige Richtung laufen, dorthin, wo das Leben ist, darauf kommt es an. Darum sagt Jesus, sagt es den Erwachsenen und meint die Kinder, sagt es uns und meint auch uns selbst: »Lasset die Kinder zu mir kommen, wehret es ihnen nicht; denn solchen gehört das Reich Gottes.«
»Lasset die Kinder zu mir kommen.« Da klingt sie an – die große Bejahung Gottes, sein großes »Ja«, das er zu L. sagt. Sein »Ja« für die, die am Anfang sind, die Unfertigen, die Unmündigen. Sein »Ja« damit auch zu uns, die wir nie fertig sind; sein »Ja« aber besonders *durch* euch, liebe Eltern und Paten, *für* L.: daß sie in ihrem kleinen und später auch großen Leben erfährt, daß sie gemeint ist von einer Liebe, die ihr Leben will; die hilft, die fördert, die heilt; die da ist ohne große Worte und die doch auch durchschimmert im Gespräch; Liebe, die scheint und die stärker ist als unvermeidlicher Schatten. Liebe Gottes, die durch alles hindurchscheint; Liebe Gottes, die über L.s Leben liegt, so wie Licht über dem Wasser liegt.
– Lasset die Kinder kommen.
– Lasset die Kinder zu mir kommen.
– Lasset die Kinder zu sich selbst kommen.
Neben der Nähe und Wärme, die ich in dem Wort Jesu empfinde, dieser menschenfreundlichen Nähe, wird mir deutlich, wie sehr Jesus den Kindern Gegenwart schenkt, ihnen, von denen wir sagen, daß ihnen die Zukunft gehört.
Von der Zukunft für M. und nun besonders für L. sprechen wir, liebe Eltern und Paten. Und Sie, die Großeltern, sind wohl besonders froh; sind stolz auf dieses kleine und neue Leben; dieses junge Leben, von dem Sie spüren, daß es auch einen Teil Ihrer Gegenwart in die Zukunft trägt. Das zu wissen ist bewegend und

schön, wenngleich es auch den heimlichen Ton der Wehmut und der Sorge in sich bergen kann.
Aber wenn wir heute L. taufen und damit unser Vertrauen auf Gott und in die Zukunft zum Ausdruck bringen, dann liegt ja zugleich der Ton auch darauf, daß wir unsere Kinder wirklich der Gegenwart und dem Augenblick überlassen. Denn die Gegenwart ist einmalig. Ein Augenblick kommt und wiederholt sich nicht. Das spricht uns auf unsere Verantwortung an, den Augenblick zu nutzen und die gegenwärtige Stunde zu achten (J. Korczak).

Es ist Zeit!

Ihr, liebe Eltern, ihr habt Zeit, trotz des täglichen Diktats des Uhrzeigers; habt gnädige Zeit, gute Zeit, um mit den Kindern zu gehen; seid selbst auf dem Wege – vielleicht nicht immer das Ziel wissend; wer weiß das schon; wer kann da schon sicher sein! – aber seid auf dem Wege mit M. und L.
Und mit euch auf dem Wege ist das Wort – euch ermutigend, euch bewußt oder unbewußt begleitend – »Lasset die Kinder zu mir kommen, wehret es ihnen nicht; denn solchen gehört das Reich Gottes.« Da leuchtet so etwas wie Frieden auf; Frieden im kleinen; Frieden für unsere Kinder. Da klingt es an, ein Leben in Erfüllung und Sinn. Da klingt der Name dessen an, nach dem wir genannt sind. Da erklingt ein Lied, nun besonders für L., bestimmt für elterliche Herzen:

»Es ist ein winzig Menschenkind
in unsre Welt geboren,
so freut Euch, denn Gott hat die Lust
an uns noch nicht verloren ...

Es kommt ein Kind mit kleinem Schritt
in unsre Welt gegangen,
und wieder wird ein altes Lied
von vorne angefangen ...

Es wächst ein Kind mit jedem Tag
und wird nicht müd zu schauen,
es fragt uns, wieviel Sterne sind,
und schenkt uns sein Vertrauen ...

Es greift ein Kind nach unsrer Hand
im Weinen oder Lachen,
in einem Kind sprach Gott sein Wort,
das will uns selig machen ...« (L. Zenetti)

Klaus-Dieter Makarowski

b) Kurzansprachen

Es ist dir gesagt, Mensch

Text: Micha 6,8

(Taufe von Jugendlichen)

Liebe Gemeinde! Liebe Täuflinge! Heute ist es bei uns zugegangen im Gottesdienst wie in den ersten Christengemeinden vor fast 2000 Jahren. Da wurden noch keine Kinder getauft, sondern große Leute. Und dazu möchte ich heute unsere beiden Täuflinge mal rechnen, zu den Großen unter uns. Denn dazu gehört was, von sich aus zu sagen: Wir wollen getauft werden, und das an der Stelle, wo sonst auch die Gemeinde zusammenkommt, um Gott zu loben, und wo sie betet und alles vor ihn bringt, was sie bewegt. So ist dies ein bedeutender Tag für Euch, aber auch für unsere Gemeinde, daß das in ihr möglich ist, daß zwei dahin kommen zu sagen: Wir wollen getauft werden. Wir wollen auf die Seite Gottes gehören, und das auch für alle sichtbar machen mit der Taufe. Wir merken an einem solchen Tag besonders deutlich, daß der Mensch nicht nur lebt von dem, was ihm so vorgesetzt wird, von der Nahrung für den Leib und der Bildung für den Geist, sondern daß er darüber hinaus die Zuwendung Gottes braucht, um nicht verlorenzugehen. In dem Wochenspruch dieser beginnenden Woche, beim Propheten Micha heißt es, und das soll euer Taufspruch sein:
»Es ist dir gesagt, Mensch, was gut ist und was der Herr von dir fordert: nämlich Gottes Wort halten und Liebe üben und demütig sein vor deinem Gott.«
Klarer kann es uns gar nicht zum Ausdruck gebracht werden, woran wir uns halten sollen. Wenn alle Getauften das beherzigen würden, dann wäre das Reich Gottes schon ein Stück näher. Es werden hier drei Richtlinien für das Leben genannt. Als erstes: Gottes Wort halten. Das ist eine wichtige Richtschnur. Das ist die Antwort auf die Frage: »Was gilt?« So oft fragen Menschen das, die sich nicht mehr auskennen, die gern wissen möchten, woran man sich nun halten soll. Antworten werden viele gegeben. Und es werden Euch im Laufe des Lebens auch viele Angebote gemacht, was angeblich alles wichtig ist. Dann erinnert Euch an dieses Eine: Wer sich an Gottes Wort gebunden weiß, der ist auf alle Fälle richtig. Das ist die beste Bindung. Als zweites wird genannt: Liebe üben. Vielleicht gibt es ja viel zuviele Gebote, an die sich ein Mensch halten soll. Dann ist man gut beraten, sich das Wichtigste vor Augen zu führen. Jesus hält das für das vornehmste Gebot: Du sollst lieben Gott, deinen Herrn, und deinen Nächsten wie dich selbst. Fangen wir mal am Ende an: zunächst muß man das können: sich selber lieben, sich annehmen können, und das wird einem ja mit der Taufe zugesagt: du, Mensch bist wertvoll, du selber, Gott liebt dich, dann

kannst du dich auch so annehmen. Und daraus folgt dann das andere, daß man auch den Nächsten lieben kann, so wie er ist, denn er ist auch von Gott geliebt und angenommen, dann brauche ich nicht mehr zurückzustehen, und alles zusammen bedeutet: auch Gott lieben, zu Ihm Ja sagen, das gibt dem Leben erst seine Tiefe. Zum Schluß nennt der Prophet noch: Demütig sein vor deinem Gott. Das ist genauso wichtig, daß ein Mensch lernen muß, seine Grenzen zu sehen. Der Volksmund drückt das mit einem Sprichwort so aus: »Die Bäume wachsen schon nicht in den Himmel.« Das gehört ja nun auch zu einem gelungenen Leben dazu: die Einsicht, daß man schuldig wird, daß man nicht alles kann, daß man einiges anfängt und wenig zu Ende bringt, daß man sich viel vornimmt, aber wenig schafft, daß die eigenen Kräfte eben begrenzt sind. Wie gut, wenn dann einer was von der Barmherzigkeit Gottes weiß, davon, daß Gott Leben trägt, daß er vergibt und mit uns einen neuen Anfang macht. Und darauf ist ein Mensch angewiesen, daß Gott ihn annimmt und ihm vergibt. Bis in die letzte Stunde des Lebens hinein braucht man das: die Barmherzigkeit Gottes. Und bis dahin, sogar bis in die letzte Stunde gilt die Zusage der Taufe, daß Gott die Seinen nicht mehr läßt, daß er bei ihnen bleibt. Das gebe euch, Gott der Herr, daß in eurem Leben etwas von diesem Taufspruch Wirlichkeit wird: »Es ist dir gesagt, Mensch, was gut ist und was der Herr von dir fordert: nämlich Gottes Wort halten und Liebe üben und demütig sein vor deinem Gott.«

Roswitha Alterhoff

Das Kind gehört Gott

Wenn wir heute in NN.s Taufe mehr sehen wollen als eine gesellschaftliche Pflicht, müssen wir uns von einer kühnen Hoffnung leiten lassen. Christus sagt in der Taufe: Du gehörst mir.
Das bedeutet sehr viel.
Von einem Menschen, der manches Unverständliche tut, der ohne Orientierung dahingeht, sagen wir manches Mal: »Er weiß nicht, wo er hingehört.«
Menschen, die nicht wissen, wohin sie gehören, sind schlecht dran. Sie haben als Eltern Stellung bezogen und gesagt, wohin Ihr Kind gehören soll: zur Gemeinde Jesu Christi. Diese Gemeinde hat viele Fehler. Sie ist verletzlich und bleibt manches schuldig. Aber eines ist in dieser Gemeinde makellos: der Herr selbst. Auf seinen Namen taufen wir NN. Wir machen damit verbindlich, was er gesagt und gelebt hat: Gehorsam gegenüber seinem Wort, Verantwortung für unser Tun, das Wissen um seine Vergebung in unserem Scheitern. Die kühne Hoffnung ist, daß uns das Leben gelingt.
Ich wünsche Ihnen, daß Sie mit Wort und Tat NN diese Botschaft kostbar machen können.

Heinz Behrends

Der Mensch – ein Gedanke Gottes

Text: Psalm 8,5

Den Text für die folgende Ansprache (Psalm 8) hatten die Eltern des Täuflings erbeten. Bei der Frage »Was ist der Mensch, daß du seiner gedenkst?« kam mir der Gedanke, daß vielleicht auf verborgene Weise die Antwort in der Frage schon gegeben sein könnte. Diesem Gedanken bin ich in der Ansprache nachgegangen.

»Was ist der Mensch, daß du seiner gedenkst?« Hat er so wirklich gefragt, der einmal so fragte? Hat er seine Frage wohl ernstgenommen? Hat er es getan, dann hat er sich die Antwort eigentlich schon selbst gegeben. »Was ist der Mensch?« – Daß du seiner gedenkest! Das ist der Mensch! Das macht seinen Wert aus. Dem verdankt er seinen Ursprung.
Was wärest du, wenn du das nicht wärest: ein Gedanke Gottes, gedacht vielleicht im Augenblick des Schöpfungstages, Wirklichkeit geworden jetzt in Raum und Zeit und unvergessen bis zum Tag der Vollendung!
Wieviel mußte geschehen, bis du konntest geboren werden; wieviel, das nach Willkür und blindem Zufall aussah; wieviel, das vordergründig mit einer ganz anderen Absicht geschah; wieviel, das scheinbar ganz sinnlos war!
Und jetzt bist du da. Und du magst dich fragen lassen, wie weiland die Jünger auf dem Wege nach Emmaus: »Mußte nicht all solches geschehen?« Als noch niemand an mich dachte – einer dachte an mich. Und er inszenierte einige Jahrmillionen Weltgeschichte – unter anderem auch zu dem Zweck, damit du jetzt geboren werden konntest.
Was wäre der Mensch, wenn Du, Gott, seiner nicht gedächtest? Ein merkwürdig unwichtiges Wesen, das sich laufend lächerlich macht dadurch, daß es die paar Jahrzehnte seines Lebens –, daß es sich selbst so ernst nimmt, als handle es sich um Gott und die Ewigkeit.
Nun aber hast Du seiner gedacht. Und deshalb handelt es sich bei diesem Kind, das Ihr in Armen haltet, tatsächlich um Gott und die Ewigkeit. In Euren Händen ruht ein Gedanke Gottes, ein inkarnierter, menschgewordener Gedanke Gottes, von Ewigkeit her gedacht.
... und ... in Ewigkeit nicht vergessen.
Ich kann es wagen, das Abenteuer dieses Lebens zu beginnen, weil ich ein Gedanke Gottes bin. Und ich kann – wenn es sein muß – diesem Leben »Leb wohl« sagen, weil ich ein Gedanke Gottes bleibe. Er, der an mich dachte, bevor jemand sonst einen Gedanken an mich verschwendete, er wird auch noch an mich denken, wenn ich von allen anderen vergessen sein werde. »Unvergessen« steht bisweilen auf Denkmälern zu lesen. In der Tat: Unvergessen – jeder Mensch – bei Gott – in Ewigkeit.

Vielleicht sollten wir uns wieder etwas öfter an jenes Buch erinnern, in dem unsere Namen im Himmel geschrieben sind! Vielleicht gäbe es dann ein paar Menschen weniger, die an ihrem Wert zweifeln oder gar an ihrem vermeintlichen Unwert verzweifeln. Vielleicht würde man dann aufhören, im Plural zu fragen: »Was sind schon ein paar Millionen Menschen?« Vielleicht käme der Singular wieder zu Ehren: »Was ist der Mensch?« Oder aber – man würde ganz aufhören, so zu fragen, äußerstenfalls die Frage vielleicht noch mit einem wissenden Lächeln stellen, wie ich es – ehrlich gesagt – bei dem Psalmendichter vermute, der wohl im tiefsten seines Herzens wußte, was der Mensch ist: ein Gedanke Gottes nämlich – und – wie ich vermute – ein besonders schöner und glücklicher Liebesgedanke Gottes!

Erhard Lerch

Was der Mensch wert ist

Text: Psalm 8,5

Es ist ein schönes Gefühl, ein Kind auf den Armen zu tragen. Das Neugeborene verändert das Leben im Haus und in der Familie. Mancher sagt, sein Leben habe durch das Kind Sinn und Wert empfangen. Dieses Empfinden wird aber bald angefragt durch die Realität, durch die Erfahrung. Was ist der Mensch wert, der als 20jähriger in den Krieg geschickt wird und fällt? Was ist der Konfirmand wert, der auf seinem Fahrrad vom Auto erfaßt wird und verunglückt? Was ist die Frau wert, die seit einem halben Jahr in der Bewußtlosigkeit liegt? Was ist das Kind wert, das behindert zur Welt kommt?

Menschen sind sehr empfindlich für die Frage: Was ist der Mensch wert? Wenn Eltern zu ihrem Kind einmal unbedacht sagen: »Du taugst nichts!«, sprechen sie ihm den Wert ab, und das sitzt dann besonders tief.

Was ist der Mensch wert?

Die Bibel hat darauf gute Antworten bereit. Eine mag ich besonders: aus dem Psalm 8,5, »Was ist der Mensch wert, daß du seiner gedenkst, und des Menschen Kind, daß du dich seiner annimmst?«

Der Sänger des Psalm rechnet nicht. Er sitzt nicht am Schreibtisch mit einem Taschenrechner. Er schlägt nicht als Buchhalter in den Bilanzen nach, um auszurechnen, was er noch alles leisten könnte.

Er rechnet nicht. Er staunt. Mit Staunen fängt die Frage an: Was ist der Mensch wert? Vielleicht erinnern Sie sich an ein ähnliches Gefühl, als Sie Ihr Kind auf dem Arm empfingen. Staunen und Gott danken, so Wertvolles empfangen zu haben.

Darum ist es angemessen, das Kind in der Taufe zeichenhaft zu dem zu brin-

gen, von dem Sie es empfangen haben: Gott. In der Taufe sprechen wir ihm im Namen Gottes seinen Wert zu. Wenn wir dazu auf den Namen Christi taufen, erinnern wir daran, daß Gott es sich hat viel kosten lassen, nämlich das Leben seines Sohnes, damit unser Wert beständig bleibt.
Wer so staunt und dankt, wird alles dafür tun, daß ihm im alltäglichen Leben und Umgehen miteinander dieser Wert nie abgesprochen wird. Ich wünsche Ihnen Freude und eine glückliche Hand in Ihrer wertvollen Gemeinschaft. Was ist der Mensch, daß du seiner gedenkst und des Menschen Kind, daß du dich seiner annimmst? Du hast ihn wenig niedriger gemacht als Gott, mit Ehre und Herrlichkeit hast du ihn gekrönt. Herr, unser Herrscher, wie herrlich ist dein Name in allen Landen.

Heinz Behrends

Wir sollen immer menschlicher werden

Text: Matthäus 3,17

Der Ansprache liegt der Gedanke zugrunde, daß das in der Taufe Jesu Geschehene und Gesagte für jeden Getauften von exemplarischer Bedeutung ist.

Meister Ekkehart, jener große christliche Mystiker des 14. Jhdts., hat einmal gesagt: »Gottes Sein ist unser Werden.« – Daß wir Menschen keine fertigen Wesen sind, das lehrt uns jede Geburt. Darauf werden wir fast in jedem Augenblick unseres Lebens hingewiesen. Jedem ist es offenkundig: Wir kommen auf diese Erde, nicht um etwas zu sein, sondern um etwas zu werden. Aber was ist das Ziel dieses Werdens? Wenn wir darüber Klarheit gewinnen könnten!
Ich möchte Ihnen heute, anläßlich der Taufe Ihres Sohnes, ein paar Worte darüber sagen; ein paar Worte über das Ziel und wie dieses Ziel in unserer christlichen Religion umschrieben wird. Ob Sie dieses Ziel dann für sich und Ihr Kind akzeptieren –, ob Sie es sich zu eigen machen können, das steht bei Ihnen. Nur nachdenken sollten Sie diesem Ziel, und nachdenken sollten Sie ihm mit der Überlegung im Herzen: »Vielleicht ist es wahr!«
Es hat einmal jemand diesen unseren Planeten Erde eine Pflanzschule Gottes genannt. Hier werden Menschen gepflanzt, um Menschen zu werden. Freilich – auch das liegt noch ganz im Bereich unserer Erfahrung – wir werden nicht wie von selbst zum Menschen, wenn man in der Bezeichnung Mensch mehr als nur einen biologischen Gattungsbegriff sieht. Dieses »mehr« meinen wir, wenn wir in der Sprache unserer christlichen Überlieferung sagen: Aus Menschenkindern sollen »Gotteskinder« werden. Und wer sich an dem Begriff »Gotteskind« stört, der kann auch getrost sagen: »Wir sollen immer menschlicher werden –, wir sollen aus Wesen, die noch ganz in der Welt kreatürlichen Wollens, Begeh-

rens und Empfindens sind, aus dieser Seinsweise sollen wir im Laufe dieses Erdenlebens befreit werden zu einem neuen Sein; einem Sein, das dem Wesen Gottes näher steht als dem der untermenschlichen Kreatur.
Die Väter unseres christlichen Glaubens haben diesen Vorgang einmal so formuliert. Sie sagten im Blick auf Jesus Christus: »Gott wurde menschlich, damit wir göttlich werden.«
An dieses Ziel unseres Lebens denken wir heute in dieser Tauffeier. Heute feiern wir nicht ein vergangenes Ereignis, wie wir es mit einer Geburtstagsfeier tun; heute feiern wir die Zukunft; die Zukunft dieses Kindes und – gebe Gott – unser aller Zukunft. Deshalb sprechen wir schon jetzt jene Worte über ihm aus, die einst über jenem Menschen erklangen, von dem unser Bekenntnis sagt: »Er war wahrer Mensch und wahrer Gott.« Was über ihm bei jener Jordantaufe einst gesagt wurde, das stehe nun auch über dem Leben Eures Kindes! »Dies ist mein lieber Sohn, an welchem ich Wohlgefallen habe.«

Erhard Lerch

Es ist gut, Kind eines Vaters zu sein

Text: Galater 3,26

Fast jeden Morgen muß ich das Spiel mitspielen. Christian ist aufgestanden und ist an meiner Hand auf dem Weg nach unten. Er läßt die Hand los und sagt: »Papa, springen!« Dann muß Vater vier Stufen weiter heruntersteigen, sich umdrehen, die Arme ausbreiten, und dann springt er. Dabei strahlt und juchzt er. Er verläßt sich ganz auf Vater. Grund für Angst oder Gefahr sieht er nicht. Er sieht mit den Augen des Vertrauens, daß Vater ihn auffängt. Das Vertrauen und das Spiel sind ihm in Fleisch und Blut übergegangen. Das Spiel kann nie genug und langweilig werden. Ich freue mich darüber. Gelegentlich steigt in Vater eine Sehnsucht auf. Das möchte ich auch können. So jemanden haben, mehr noch: so vertrauen.
Das Spiel und das fröhliche Gesicht des Kindes sind ein Bild für Glauben. Gott freut sich, wenn wir uns auf ihn verlassen, ihn für verläßlich halten.
Paulus benutzt dieses Bild, wenn er sagt: ›Ihr seid alle Kinder Gottes durch den Glauben an Christus Jesus.‹
Er sagt das erwachsenen Menschen.
Nicht Knechte seid ihr, die unterdrückt werden, die tun müssen, was andere ihnen sagen.
Kinder seid ihr.
Die Sehnsucht nach Vertrauen drückt unsere Ahnung aus, daß Vertrauen befreit und ermutigt, zu gehen und zu springen, wo andere Gefahr sehen. Sie wer-

den die nächsten Jahre an ihrem Kind diese fröhliche Unbefangenheit und das Vertrauen sehen. Möge es Ihnen ein Bild werden für das Verhältnis, das Gott sich von uns wünscht, wenn auch manche Erfahrung dies Bild zu zerreißen droht.
Ihr seid alle Kinder Gottes durch den Glauben. Es ist gut, Kind eines Vaters zu sein.

Heinz Behrends

Leben soll wachsen

Liebe Familie, in Ihrem Beruf haben Sie oft mit neuem Leben zu tun. Dem Leuchten ihrer Augen heute spüre ich ab, daß das neue Leben Ihres Kindes noch wieder etwas ganz anderes ist als neues Leben im Stall oder auf dem Feld.
Von den Pflanzen wissen Sie, daß alles gut angelegt ist, damit sie wachsen können. Bei Ihrem Sohn ist das genauso. Es ist alles bei ihm angelegt, was er zum Leben braucht. Und siehe, das ist sehr gut. Doch die Bibel hat auch erkannt, daß der Mensch nicht gut ist von Grund auf. Aber es ist alles für ihn getan: Gott selbst hat seinen Sohn gegeben, damit das Urteilen über das Böse nicht das einzige Urteil über uns bleibt.
In dieser Spannung bleibt ihm und Ihnen, liebe Eltern und Paten, ein Handlungsspielraum. Von den Pflanzen wissen Sie, daß ihr Wachsen unter dem Einfluß der Umwelt steht, dem Licht der Sonne und der Feuchtigkeit des Regens. Ihr Sohn wird unter dem Einfluß von Menschen und ihrer Geschichte stehen. Das als Familie zu sehen, erscheint mir wichtig, denn daraus erwächst Ihnen Verantwortung.
Nun sollte man mit Kindern nicht so umgehen, wie man es heute mit Pflanzen tut, nämlich breit angelegt mit Giftspritzen gegen das Ungeziefer arbeiten. Wenn Sie so wollen, empfiehlt es sich, jede Raupe einzeln aufzulesen. Das ist manchmal eine mühsame Arbeit. Ihre Väter können das aus der früheren Zeit der Landwirtschaft bestätigen. Aber die Beziehung zu jeder einzelnen Pflanze wuchs in dieser Arbeit. Ich denke, in der Erziehung ist das nicht anders. Wenn es Ihnen auch gelingen sollte, Ihr Erziehungsverhalten immer kritisch zu sehen, so werden die Einflüsse von außen sehr bald mächtig werden. Daß Sie darin nicht verzagen, dazu will das Wort Gottes eine Hilfe sein. Giftmittel sind nicht nötig, damit das Wachsen gelingt, sondern die gute Nachricht von Jesus Christus. Sie ist uns in vielfältiger Weise zugesprochen: als Verheißung, als Ermutigung, als Orientierung, als Wort, das Leben wachsen läßt.
Ich wünsche Ihnen eine glückliche Hand, Ihrem Kind und Patenkind von dieser Nachricht zu erzählen.

Der Jünger Petrus kann sich Leben nicht anders vorstellen als in diesem Satz: »Du hast Worte des ewigen Lebens, Herr.«

Lieder: 371, 13–15
383
411 Anhang Niedersachsen
»Herr, dein Wort die edle Gabe«

Gebet: Herr, wir danken Dir für das neue Leben, das Du in unserer Mitte geschaffen hast, für NN. den Du seinen Eltern und Paten anvertraust. Dir befehlen wir ihn an, daß er wachse in Gesundheit, daß er wachse in Deinem Geist. Segne seine Hände, daß er Freude gewinne am Gestalten.
Segne seine Füße, daß sie gewisse Schritte tun.
Wenn die Sünde über ihn mächtig wird, zeige Du den Weg mit Deinem Wort, Herr, und mache ihn gewiß, daß Du schon die Vergebung der Sünde bist, ehe er geboren wurde.
Geleite und stärke Du Eltern und Paten auf ihrem Weg mit ihm.

Heinz Behrends

Durch die Menschen wird die Schöpfung neu

Die folgende Kurzansprache stammt in den wesentlichen Teilen nicht aus meiner Feder. Leider vermag ich die Quelle nicht mehr anzugeben. Ich habe sie leicht überarbeitet und ihr einen kleinen Bezug auf die weihnachtliche Zeit des Kirchenjahres gegeben (von dem aber auch ohne Schaden für das Ganze abgesehen werden kann). Ich bin mir bewußt, daß diese Sätze keine, auch nur annähernd umfassende, evangelische Verkündigung zur Taufe sind. Sie bedürfen unbedingt ergänzend eines ausführlichen Taufgespräches. Ich habe sie trotzdem mehrfach und gerne gebraucht
1. weil ich selbst an ihnen großen Gefallen fand und
2. weil ich dafür besonders bei der Kirche nicht sonderlich nahestehenden Gottesdienstbesuchern eine gesteigerte Aufmerksamkeit beobachtete. – Der Überraschungseffekt mag dabei eine besondere Rolle gespielt haben; aber warum soll man ihn nicht nutzen?

Liebe Eltern und Paten! Die Geburt dieses Kindes hat eine fast unendlich lange Vorgeschichte. Sie ist lustig und nachdenklich zugleich. Erlaubt mir, daß ich euch diese Geschichte erzähle:
Als die Fische nicht mehr in den letzten Zügen im Schlick lagen, die Elefanten nicht immer wieder im Schlamm versanken, die Blütenknospen sich von selbst öffneten und die Sterne nicht mehr aneinander stießen, da war alles fertig; die Erde war bewohnbar.

Komm, dachte Gott Vater bei sich, jetzt will ich die Menschen machen; denn auf der Erde ist Platz für Millionen von Menschen! Aber im gleichen Augenblick besann er sich! Wie könnte sich ein solcher Ameisenhaufen von Menschen verbunden fühlen?
Würden sie einander nicht wildfremd sein, verloren in der großen Masse?
Ich weiß was, dachte Gott; ich rufe *ein* Menschenpaar ins Leben, und dieses eine Menschenpaar lasse ich Frucht tragen, so daß der eine Mensch aus dem anderen ins Dasein kommt; dann sind sie verbunden wie Vater und Sohn oder wie Bruder und Schwester. Ich will ein Menschenpaar von verschiedenem Geschlecht, so daß sie miteinander spielen können. Und in die Freude des Spiels lege ich den Keim für einen neuen Menschen. Nicht in den Mann, der hat ein viel zu dickes Fell. Weißt du was, ich wähle die Frau dazu und nenne sie dann Mutter. Den neuen Menschen nenne ich »Kind«.
So tat Gott Vater; und er sah, daß es sehr gut war! Neun volle Monate ließ er das Kind in der Mutter wohnen, gab ihm unbemerkt kleine Arme und Beine und Ohren und Augen und einen Mund und lehrte es, sich zu bewegen. Doch Gott Vater sagte den Menschen nichts davon, denn sie sollten denken, daß sie das Kind selbst wachsen ließen. Es sollte doch gerade ihr Kind werden. Und mit großer Zufriedenheit sah er die Freude von Vater und Mutter, als das Kind zur Welt gekommen war. Das Kind konnte sofort schon schlafen und saugen, gähnen und niesen, und nach einem weiteren Monat ließ Gott Vater das Kindchen lachen. Aber er sagte den Menschen nicht, daß er es dazu veranlaßte, denn er wollte ihre Freude und ihren Stolz nicht stören! So rief Gott Vater Kind auf Kind ins Leben. Er ließ sie weinen beim kleinsten Schmerz und lachen beim kleinsten Vergnügen. Er lehrte sie spielen mit ihren Fingern und Zehen, mit der Sonne und dem Wasser und er ließ den Wind durch ihre Haare wehen. Er lehrte die Kinder sprechen, er ließ sie verrückte Dinge sagen und heimlich Unfug treiben, und dann mußte Gott Vater selbst darüber lachen! Ja, er war doch froh, die Menschen nicht auf einmal gewollt zu haben, denn durch die Menschen blieb die ganze Schöpfung neu und wurde sie auch Hunderte von Jahren alt. Überall pflanzt Gott Vater Kinder um die Tische der Menschen; die ganze Erde wurde damit verziert. Und wenn sie dann groß geworden waren, sagte er: Das muß gefeiert werden! Und es wurde gefeiert, und alles fing wieder von vorne an. Gott Vater fand es selbst außerordentlich gut. Und er überlegte, wie es wäre, wenn er, Gott selbst, auch einmal ein Kind würde. –
Ihr wißt: Er wurde ein Kind! In jener Nacht von Bethlehem! Und ihr haltet jetzt sein Ebenbild in den Armen!

Erhard Lerch

Das Kind gehört uns nicht

Liebe Gemeinde und vor allem: liebe Eltern und Paten! Ich wünsch' es Ihnen nicht, aber passieren kann es ja sehr leicht, daß nämlich eines Tages jemand wutentbrannt vor Ihnen steht, die kleine St. oder den I. hinter sich herzerrt und wutschnaubend fragt: »Gehört Ihnen etwa dieses Kind?«
Worum das dann geht, was das Mädchen oder der Junge dann ausgefressen hat, das kann keiner von uns jetzt schon sagen. – Aber ich kann Ihnen heute eine Antwort sagen auf diese wutentbrannte Frage. Sagen Sie: »Nein, dieses Kind gehört mir nicht!«
Und wenn Sie dann sehen, wie der andere noch an dieser Antwort schluckt, erklären Sie ihm in aller Ruhe: »Mir gehört zwar dieses Auto hier, dies Haus oder dieser Garten und noch anderes. Aber mein Sohn, meine Tochter gehört zwar zu mir, aber mein Besitz ist mein Kind nicht.«
Was derjenige vor der Tür dann sagen wird, weiß ich nicht. Eines aber steht fest: wenn Sie das sagen, dann haben Sie einen Sinn von Taufe begriffen.
Denn die Taufe macht deutlich: Kinder, die gebären wir, zeugen wir, aber: sie gehören uns nicht. Kinder gehören Gott! Gott erklärt jedem dieser Kinder heute bei der Taufe: »Du bist mein Eigentum! Du gehörst mir!« Und Gott gibt Ihnen dann diese Kinder wieder, nicht als Eigentum, sondern als Anvertraute.
Jeder, der sein Kind hat taufen lassen, kann wissen: ich kann mit meinem Kind nicht machen, was ich will. Ich bin Gott dafür verantwortlich! – Ich glaube, es ist ein Glück für jedes Kind, wenn Eltern sich immer wieder daran erinnern: Dies Kind ist nicht mein Besitz! Denn dann werden Eltern weder über ihr Kind einfach verfügen noch es sich selbst überlassen. Beides kann man nicht machen mit jemandem, der Gott gehört.
Daß Ihre Kinder das bei Ihrer Erziehung erleben und erfahren: »Ich gehöre Gott! Er hat mich lieb!« das ist in erster Linie Ihre Aufgabe, liebe Eltern und Paten, und auch Aufgabe dieser Gemeinde. – Wie die Kinder sich später dazu stellen, ob sie Gott gehören *wollen* oder meinen: ich gehöre nur mir selbst, das liegt nicht in unserer Hand. Allerdings, auch für diese ferne Zukunft gibt die Taufe eine Antwort: Die Taufe ist nämlich nicht rückgängig zu machen: wen Gott einmal als sein Eigentum erklärt hat, der bleibt es für immer, auch wenn er davon nichts mehr wissen will. – Ein Trost ist das, finde ich.

Helmut Siegel

Entwürfe für Taufgottesdienste

Taufgottesdienst mit Beteiligung der Eltern und Paten

Vorbemerkung:
Die Taufe fand innerhalb des sonntäglichen Hauptgottesdienstes statt. Wenige Tage vorher hatte ein sehr intensives Taufgespräch mit Eltern, Paten und Großeltern (!) der zu taufenden Kinder stattgefunden. Dieses Gespräch hat den Verlauf des Taufgottesdienstes wesentlich beeinflußt (s. u.). Am Rande sei auch noch erwähnt, daß von den 4 Kindern, die getauft wurden, drei im Säuglingsalter waren, eines im Alter von 6 Jahren.

Die Taufhandlung beginnt – nach »normalem« Gottesdienstverlauf bis zur Lesung des Evangeliums – mit einem gemeinsamen Lied (z. B. EKG 151,1 oder auch Anhang zum EKG in Niedersachsen = Kirchentagsliederheft '83 Nr. 604, 684 o. 694.
Es folgt die Lesung des Taufbefehls nach Mt. 28 sowie des sog. »Kinderevangeliums« aus Mk. 10 und ein Gebet.
Im Anschluß daran hält der P. normalerweise eine kurze Taufansprache:
Sie wissen das schon. An dieser Stelle kommt immer eine Predigt zur Taufe. Sie wird an diesem Sonntag wegfallen – oder: sie wird nicht nur von einem gehalten, dem Pastor, sondern von mehreren. Vor einigen Tagen haben wir – Eltern, Paten, Großeltern und ich als Pastor – ein ganz intensives Taufgespräch gehabt. Wir alle haben uns die Frage gestellt, warum wir eigentlich unsere Kinder taufen lassen wollen. Ich könnte Ihnen das jetzt erzählen, vielleicht auch noch theologisch »aufarbeiten«, aber uns schien viel entscheidender zu sein, daß einige der Betroffenen selbst zu Worte kommen. Statt einer Predigt. Aber was heißt »statt« ...
Ein Elternteil oder Pate eines jeden Kindes wird uns jetzt erzählen, warum sie ihr Kind heute taufen lassen möchten.
(Die Eltern bzw. Paten kamen dann einzeln nach vorn, um ihre Antwort zu geben; die Antworten waren natürlich weder gemeinsam vorbereitet noch abgesprochen):
»Ich will nicht sagen, daß wir Gott schon vergessen hatten, aber wir hatten ihn wohl verdrängt, sozusagen aufs Abstellgleis geschoben. Doch eines Tages kam unsere Vanessa nach Hause und sagte beim Mittagessen: ›Warum beten wir eigentlich nicht beim Essen?‹ Ja, warum eigentlich nicht?
Das war eine Frage, die uns nachdenklich und besonnen machte. Viele Gespräche folgten, und mit den Gesprächen kamen auch die Gebete und die Frage nach der Taufe.
Vanessa fühlte sich ohne Taufe ausgeschlossen. Sie wollte dazugehören, und deshalb wird sie heute getauft.«
(Mutter eines Täuflings)
»Wir möchten unseren Sohn Johannes taufen lassen, weil wir in unserem bis-

herigen Leben die Erfahrung gemacht haben, daß Gott für uns und unser Leben wichtig ist. Wir möchten unserem Kind von Anfang an die Chance und Möglichkeit geben, seine *eigenen* Erfahrungen mit Gott zu machen. Dabei wollen wir ihm mit all unseren Kräften helfen. Weil wir diese große Verantwortung in vielen Dingen sicherlich nicht allein tragen können, bitten wir mit der Taufe um die Hilfe Gottes. Weil wir diese Hilfe und Liebe Gottes spüren, vertrauen wir ihm unser Kind an.«

(Mutter eines Täuflings)

»Wir möchten Ihnen das, was in unserem Leben entscheidend wichtige Erfahrungen waren und sind und von dem wir unserem Kind etwas vermitteln möchten, erzählen mit einer Geschichte, die von den Brüdern in Taizé erzählt wird: Ein Mensch geht mit Gott am Strand entlang und bespricht mit ihm sein Leben. Am großen, weiten Horizont über dem Meer ziehen in großen Bildern Szenen aus seinem Leben vorüber – aus guten und schlechten Zeiten. Als er sich umblickt, sieht der Mensch hinter sich Spuren im Sand, und ihm fällt auf, daß manchmal nur eine Spur zu sehen ist, und zwar immer dann, wenn es ihm besonders schlecht und elend ergangen ist. Und der Mensch sprach zu Gott: ›Mir fällt auf, daß hinter uns manchmal nur eine Spur im Sand zu sehen ist, obwohl wir doch immer zusammen gegangen sind, und zwar immer dann, wenn es mir besonders schlecht ging. Herr, warum warst du immer dann, wenn es mir besonders schlecht ging und wenn ich dich am nötigsten brauchte, nicht bei mir?‹ Gott antwortete ihm: ›Wo du nur eine Spur siehst, als es dir besonders schlecht gegangen ist, das war da, als ich dich getragen habe.‹«

(Vater eines Täuflings)

»Für uns ging es eigentlich weniger um die Frage, warum die Taufe, als vielmehr darum, ob in der katholischen oder ev.-luth. Kirche. Unsere Ehe ist vom religiösen Standpunkt aus gesehen eine »Mischehe«; die kirchliche Trauung fand in der katholischen Kirche statt. Schon damals sahen wir in unserer Hochzeit u. a. ein Mittel, gegen die Vorurteile, die aus der Zugehörigkeit zu verschiedenen Kirchen erwachsen, anzugehen.

Mit der Geburt unserer Tochter wurde dann erneut die Frage nach der Kirchenzugehörigkeit aufgeworfen.

Entscheidend für unseren Entschluß, sie ev.-luth. taufen zu lassen, war die Tatsache, daß sie in einem vorwiegend vom Katholizismus geprägten Milieu aufwachsen wird. Das ›Anderssein‹ als Protestantin wird sie (und vielleicht auch ihre Kameraden) dazu anleiten, über die beiden Glaubensrichtungen nachzudenken. Denn in der Vergangenheit, in der Gegenwart und mit Sicherheit auch in der Zukunft floß und fließt zuviel Blut wegen der Intoleranz einem anderen Glauben gegenüber. Und Intoleranz erwächst häufig auf dem Boden der Ignoranz.

So dachten wir uns die Taufe auch als den Ausgangspunkt der Auseinandersetzung über die verschiedenen Religionen.

Es mag sein, daß unsere Erwartungen zu hoch geschraubt sind, aber sicherlich wird Céline uns später einmal die Frage stellen: ›Warum bin ich in der ev.-luth. Kirche getauft?‹ Allein diese Frage bietet die Möglichkeit zur Diskussion, womit schon viel gewonnen ist.«
(Mutter eines Täuflings)
»Als Pate möchte ich den Eltern mit den mir gegebenen Mitteln und Möglichkeiten bei der Erziehung des Kindes beistehen. Ich möchte neben den Eltern eine weitere Vertrauensperson sein für das Kind, das ich mit Rat und Hilfe in die Zukunft begleiten möchte. Mein Wunsch ist, an seiner Entwicklung und seinem Leben teilzuhaben, damit sich Vertrauen zwischen uns entwickeln kann.«
(Patin eines Täuflings)

Es folgt eine Liedstrophe oder ein kurzes instrumentales Zwischenspiel.
P.: Die sog. Tauffrage, die Ihnen, liebe Eltern und Paten, jetzt gestellt wird, könnte sich nach dem, was wir von Ihnen gehört haben, fast erübrigen. Aber ich denke, sie faßt noch einmal manches zusammen und läßt ja schließlich auch die unter Ihnen, die wir eben nicht gehört haben, zu Worte kommen.
Liebe Eltern, liebe Paten, Ihr Kind ist Ihnen auch von Gott anvertraut worden. In der Taufe bekennen Sie sich dazu, es christlich erziehen zu wollen und ihm die Chance zu geben, ein lebendiges Mitglied der Gemeinde Jesu Christi zu werden.
Jedes Kind aber ist nun auch darauf angewiesen, daß die, die dafür verantwortlich sind, ihm helfen, den Sinn der Taufe einmal zu verstehen, und daß es auch durch uns fähig wird, die Liebe, die Jesus Christus uns gezeigt hat, einmal weiterzugeben.
Wenn Sie dazu bereit sind, so antworten Sie bitte gemeinsam: Ja, mit Gottes Hilfe.
Nach der Antwort von Eltern und Paten folgt das gemeinsam gesprochene Credo. Danach werden die Kinder getauft; unter Handauflegung des P. und der jeweiligen Paten und Eltern wird dann jedem einzelnen ein Segenswort zugesprochen.
Mit einem Gebet und anschließender Liedstrophe (z. B. EKG 152) schließt die eigentliche Tauffeier, der Gottesdienst wird in der üblichen Weise fortgesetzt.

Michael Schwekendiek

Taufgottesdienst mit Beteiligung der Kinder

Orgelvorspiel
(Alle ziehen in die Kirche ein. Die Kinder setzen sich in die ersten Bänke. Die Familie mit dem Täufling nimmt im Chorraum auf Stühlen Platz. Pfarrer und Konfirmanden setzen sich im Halbkreis vor den Altar mit Blick zur Gemeinde.)
Pfarrer:
Christus spricht:
Konfirmanden:
»Laßt die Kinder zu mir kommen,
hindert sie nicht,
denn auch für sie ist Gott da!«
Alle singen:
»Lenk unsre Schritte, Gottes Sohn,
hin zum Vater, den du uns zeigst.
Laßt die Kinder zu mir kommen,
hindert sie nicht,
denn auch für sie ist Gott da!
Du rufst uns alle, die dein sind,
die du lieb hast, Christus, zu dir.
Ruft sie her bei ihrem Namen,
hindert sie nicht!
Das Reich Gottes gehört ihnen!
Als ich noch klein war, folgten schon
meine ersten Schritte dir nach.
Laßt die Kinder zu mir kommen,
hindert sie nicht,
denn auch für sie ist Gott da!
Laß auch uns Kinder bei dir sein!
Segne alle, die zu dir nahn.
Ruft sie her bei ihrem Namen,
hindert sie nicht!
Das Reich Gottes gehört ihnen!«[1]
Pfarrer:
Wir begrüßen ein neues Kind in unserer Mitte. Mirjam heißt es. Mirjam hat am ... das Licht der Welt erblickt. Sie hat einen Bruder, Christoph, der ist zweieinhalb Jahre alt. Christoph und seine Eltern freuen sich über Mirjam. Und wir freuen uns mit.
Die Kleinsten:
Mirjam ist geboren, Trallalalala, trallalalala,
Mirjam ist geboren, trallalalala.

Hoch soll sie leben, hoch soll sie leben,
dreimal hoch.
Pfarrer:
Wir haben Mirjam dreimal hochleben lassen.
Denn aller guten Dinge sind drei.
Kinder:
Drei Weisen kamen aus dem Morgenland, um Jesus zu besuchen und anzubeten. Kaspar, Melchior und Balthasar brachten drei Gaben mit: Gold, Weihrauch und Myrrhe.
(Vielleicht finden Kinder die Dreizahl auch noch in anderen Geschichten.)
Pfarrer:
Gott umgibt uns doppelt und dreifach mit seiner Liebe:
Er ist unser Vater im Himmel.
Er kommt durch Jesus zu uns auf die Erde.
Und er tröstet und begleitet uns
mit dem guten Geist seiner Liebe.
Pfarrer und *Konfirmanden:*
Wir vertrauen Gott, unserem Vater,
der besonders die Kinder liebt.
Er hat auch diesem Kind,
das wir heute taufen,
durch Eltern das Leben geschenkt
und will es bewahren in Zeit und Ewigkeit.
Dafür danken wir ihm von Herzen.
Wir vertrauen Jesus,
der als Kind geboren wurde wie wir.
In einer Welt,
in der die Kleinen oft verachtet werden,
hat er sich gerade den Kindern zugewendet.
Dafür hat man ihn beschimpft,
verhaftet und getötet.
Wir vertrauen dem Geist der Liebe,
der alle Menschen miteinander verbindet,
Eltern und Kinder,
die Kleinen und die Großen.
Amen.
Pfarrer:
So wollen wir Mirjam auf den Namen Gottes, des Vaters, des Sohnes und des Geistes taufen.
Wir taufen Mirjam mit Wasser. Mit Wasser machen die Menschen verschiedene Erfahrungen.
Kinder:

Wasser macht uns sauber.
Wasser trägt uns, wenn wir schwimmen.
Im Wasser können wir ertrinken.
Frisches Wasser schmeckt gut.
Konfirmanden:
Wie ein Hirsch nach frischem Wasser schreit,
brauchen Menschen Gott.
Wie die Quelle Flüsse tränkt,
leben wir von Gott.
Wie die Flüsse Steine waschen,
so kann Gott vom Bösen uns befreien.
Wie im Wasser Boote untergehen,
müssen alle Menschen sterben.
Wie die Meere Schiffe tragen,
trägt uns Gott in alle Ewigkeit.
Pfarrer:
Mirjam, ich taufe dich auf den Namen Gottes, des Vaters und des Sohnes und des Heiligen Geistes.
Amen.
»Herr, wir bitten dich:
Laß dieses Kind
dich, o Gott,
als den Vater erfahren,
der ihm das Leben gab.
Laß dieses Kind
dich, o Gott,
als den Sohn erfahren,
der ihm die Vergebung der Schuld schenkte.
Laß dieses Kind
dich, o Gott,
als den heiligen Geist erfahren,
der ihm deine Gegenwart bezeugt.«[2]
Alle singen:
»Kind, du bist uns anvertraut ...«[3]
Pfarrer:
Mirjams Eltern wollen gute Eltern sein und die Paten gute Freunde. Auch andere erziehen unsere Kinder: der Kindergarten, die Schule, die Kameraden, die Medien, die Werbung, die Kirche. Wir haben einige »Gebote« aufgeschrieben, die wir Ihnen in die Hand geben.
(Die folgenden »Gebote« sind Beispiele, aus denen man auswählen oder die man beliebig ergänzen kann.)
Konfirmanden:

Du sollst dir für dein Kind regelmäßig Zeit nehmen.
Du sollst dein Kind ausreden lassen und ihm geduldig zuhören.
Du sollst auf die Fragen deines Kindes offen und seinem Alter gemäß antworten.
Du sollst im Verhalten gegenüber deinem Kind deine eigene Unvollkommenheit nicht vergessen.
Du sollst zusammen mit deinem Kind versuchen, Böses mit Gutem zu überwinden, anstatt es zu vergelten.
Du sollst deinem Kind vormachen und zeigen, wie man Konflikte gewaltfrei austrägt.
Du sollst als Vater dein Kind nicht der Mutter überlassen und als Mutter den Vater nicht als Autorität (Inhaber »elterlicher Gewalt«) mißbrauchen.
Du sollst zärtlich zu deinem Kind sein, ihm keine Angst einjagen und es nicht schlagen.
Du sollst dich über die Tränen deines Kindes nicht lustig machen.
Du sollst Geschenke und Arbeiten deines Kindes anerkennen und loben, gute Schulleistungen jedoch nicht bezahlen und schlechte nicht bestrafen.
Du sollst dich zusammen mit deinem Kind an Sonne und Schnee, Bäumen und Blumen, großen und kleinen Tieren freuen.
Du sollst dein Kind nicht mit materiellen Gütern überschütten, sondern seine kreativen Kräfte fördern.
Du sollst die Fantasie deines Kindes mit Bildern und Geschichten anregen und es nur stark begrenzt fernsehen lassen.
Du sollst deinem Kind einen immer größeren Spielraum gewähren, damit es eigene Erfahrungen sammeln kann.
Du sollst auch am gottesdienstlichen Leben der Gemeinde teilnehmen, wenn du dein Kind in die Kinderkirche gehen läßt.

Pfarrer:
Wir Eltern wünschen uns, daß unsere Kinder so werden wie wir. Deshalb sollen sie sich uns anpassen und unterordnen. Dementsprechend bevorzugen wir Erziehungsziele wie zum Beispiel:

Konfirmanden:
Fleiß, Ordnung, Sauberkeit, Gehorsam, gutes Benehmen.

Pfarrer:
In Wirklichkeit wollen wir aber aus unseren Kindern keine ehrgeizigen Streber, fanatischen Putzteufel und willenlose Untertanen machen. Sie sollen selbständig und sozial denkende und handelnde Menschen werden, die weder ihren Verstand noch ihre Gefühle zu unterdrücken brauchen. Deshalb halten wir es für wichtig, daß unsere Kinder zum Beispiel:

Konfirmanden:
- ohne Angst vor Strafe ihre Meinung äußern;
- den Mut haben, auch einmal zu widersprechen;

– mitfühlen können, wenn andere Schmerzen haben;
– ihre Ängste aussprechen;
– nach den Folgen ihres Handelns für andere fragen;
– schwächere Kinder nicht unter Druck setzen;
– für Kinder eintreten, denen Unrecht geschieht.

Pfarrer:
Was möchten die Kinder der Mirjam wünschen?

Kinder:
Gesundheit, langes Leben, Glück, viel Freude, gute Freunde, einen roten Ball, einen Teddybär, eine Puppe, guten Appetit, die ersten Zähne ...

Pfarrer:
Alles in allem: Wir wünschen »dem Kind eine gute Zeit« und »den Eltern Tag für Tag viel Mut«.

Alle singen:
»Wir wünschen dem Kind eine gute Zeit,
eine Stube mit Licht und Heiterkeit;
wünschen es durch Jesus Christ,
der ihm Herr und Helfer ist.
Wir wünschen den Eltern Tag für Tag
viel Mut in allem, was kommen mag;
wünschen es durch Jesus Christ,
der ihnen Herr und Helfer ist.
Wir wünschen allen Gottes Licht
und auch ein fröhlich Angesicht;
wünschen es durch Jesus Christ,
der uns Herr und Helfer ist.«[4]

Pfarrer:
Alles, was wir auf dem Herzen haben,
fassen wir mit dem Vaterunser zusammen:

Alle:
Vater unser im Himmel ...

Pfarrer:
»Der Herr,
aus dessen Hand du kommst,
der dein Vater ist,
segne dich,
er lasse dich gedeihen
und wachsen an Leib und Seele.
Er behüte dich
vor Angst und Gefahr
und allem Argen.
Er lasse sein Angesicht

leuchten über dir
wie die Sonne über der Erde
und sei dir gnädig,
vergebe dir deine Schuld
und mache dich frei.
Der Herr erhebe sein Angesicht
auf dich,
er schaue in Liebe auf dich
und tröste dich.
Er gebe dir Frieden;
das Wohl des Leibes
und das Heil der Seele.
So will es der Herr.
So gilt es in Zeit und Ewigkeit.
So gilt es für dich. Amen.«[5]
Orgelnachspiel

Konrad Barner

Anmerkungen

1. Gerd Watkinson, Hrsg., 111 Kinderlieder zur Bibel. Neue Lieder für Schule, Kirche und Haus, Lahr/Schwarzwald und Freiburg im Breisgau 1968, Nr. 104
2. Jörg Buchna, Kasualgebete. Taufe – Konfirmation – Trauung – Beerdigung – Gebete für Kasualabkündigungen, Gütersloh 1982, S. 18
3. F. K. Barth/G. Grenz/P. Horst, Gottesdienst menschlich. Taufe Konfirmation Abendmahl Eheschließung Beerdigung. Eine Agende, Wuppertal 1973, S. 11 (Das Lied ist nach der Melodie »Liebster Jesu, wir sind hier«, EKG 151, zu singen)
4. Fritz Gafner, Gute Wünsche, abgedruckt in: Gisela und Gerhard Zimmermann, Hrsg., Reichtum der Jahresringe. Gedichte, Lieder, Gebete, Bilder, Meditationen, Impulse, praktische Hinweise und Anregungen zu Festen und Gedenktagen im Leben der Familie, Schule und Gemeinde, Konstanz 1982, S. 21
5. Heidi und Jörg Zink, Wie Sonne und Mond einander rufen. Gespräche und Gebete mit Kindern, Stuttgart 1980, S. 125

Taufansprache im Familiengottesdienst

Die I., der D. und der H. sind noch zu klein, um sich etwas zu wünschen. Aber ich kann mir vorstellen, daß die Eltern und die Großeltern schon oft Wünsche gedacht und gesagt haben für diese kleinen Kinder.
Da haben Sie Ihr Kind auf den Armen gehabt und dann haben Sie gewünscht: vielleicht daß der D. mal klug wird, ein guter Schüler, oder die Geschwister, der B. und der K., haben sich gewünscht, daß I. und H. schnell groß werden und sie zusammen spielen können, oder die Großeltern haben sich gewünscht, daß ihre Enkelkinder sie später auch richtig lieb haben, und ... und ... und.
Viele Wünsche hat die Familie für so ein kleines Kind. Ja, und wir? Was wünschen wir als Gemeinde dem kleinen Mädchen und den zwei kleinen Jungen, die nun auch zu uns gehören? Überlegen Sie doch mal: was wünschen Sie, was wünscht ihr diesen drei Kindern für ihr Leben?
Gemeinde äußert Wünsche, die aufgeschrieben werden.
Viele Wünsche, gute Wünsche haben wir alle für Ihre Kinder, liebe Eltern und Paten, Sie haben es gehört.
Ob diese Wünsche alle in Erfüllung gehen, das wissen wir nicht. Bei manchen können wir ja nachhelfen, aber viele sind dabei, da können wir nur hoffen.
Eins aber steht heute schon fest. Diese Kinder bekommen heute schon etwas. Gott schenkt ihnen seine Liebe.
»Ich kenne dich, kenne dich bei deinem Namen«, sagt er zu den Kindern, »und ich habe euch lieb.«
Ich meine, das ist das Fundament aller unserer Wünsche. Vielleicht hat Gott ja bei manchem unserer Wünsche gelächelt, bei manchen sogar »Nein« gesagt, aber eins ist sicher: der Mensch, der von Gott geliebt ist, der hat die Grundlage für sein Leben gelegt bekommen.
Da mag manches nicht so werden wie erträumt, mancher Wunsch zerbrechen: diese Grundlage trägt und hält.
Und ich vermute, dieser liebende Gott hat nur einen Wunsch an uns alle: daß diese Kinder etwas von seiner Liebe erfahren. Denn durch das, was Sie für Ihre Kinder tun oder auch nicht tun, können Sie Gottes Liebe weitergeben oder auch verweigern. Und wir als Gemeinde können durch das, was wir tun und sagen, die Liebe Gottes unglaubwürdig machen oder helfen, daß den Kindern deutlich wird: Mich, ganz persönlich mich, liebt Gott. Ich glaube, Gott wartet darauf, daß sein Wunsch in Erfüllung geht, so wie wir auf die Erfüllung unserer guten Wünsche warten.

Helmut Siegel

Taufgottesdienst zum Thema »Wasser«

(Extrakt – der liturgisch »verdünnt« werden kann)
Orgelvorspiel
Gemeinde: EKG 338,1+2+5+6 (Steht auf, ihr lieben Kinderlein)
Pate: Psalm 23,1-4
Pastor: Gebet
Pate: 1. Mose 1,1+2.6-10
Pastor: Erläuterung
Gemeinde: 501, 1-3 (Weißt du, wieviel Sternlein stehen)
Pate: 1. Mose 2,4b-6
Pastor: Erläuterung
Pate: Jesaja 12,3-6
Gemeinde: Kanon: Danket, danket dem Herrn

Kinder schöpfen aus einem größeren Behälter, der am Eingang der Kirche (möglichst gegenüber dem Altar) steht, Wasser in kleine Becher (solche sind z. B. durch die örtliche Johanniter-Unfallhilfe mit Aufdruck eines achtzackigen Johanniterkreuzes zu erhalten; diese sind den Kindern als Taufgeschenk zu überlassen).
Während sie mit den gefüllten Bechern nach vorne kommen und das Wasser in die Taufschale gießen, entzündet einer der Paten an der Altarkerze die ihm vom Pastor überreichte Taufkerze (diese kann ganz schlicht sein, ohne jedes Emblem; sie kann auch ein Kreuz oder den Namen des Täuflings und sogar das Taufdatum enthalten). Diese katholische Sitte findet nach meiner Erfahrung in der evangelischen Gemeinde, die arm an symbolischen Handlungen ist, sehr positive Resonanz.

»Biblische Wasserzeichen«: Die Geschwister oder Vettern und Cousinen des Täuflings lesen (oder lassen lesen, wenn noch zu klein) Texte, die zum Thema »Wasser« auf ihren Schöpfgefäßen stehen. Z. B.:
- Ich will Wasser gießen auf das Durstige. Ich will meinen Geist auf deine Kinder gießen und meinen Segen auf deine Nachkommen, daß sie wachsen sollen wie Gras zwischen Wassern (Jes. 44,3)
- Das Feuer des Herrn leckte das Wasser auf (1. Kön. 18,38)
- Schütte dein Herz aus vor dem Herrn wie Wasser (Klagelieder 2,19)
- Dienet euerm Gott, so wird er dein Brot und Wasser segnen (2. Mose 23,25)
- Er holte mich und zog mich aus großen Wassern (Psalm 18,17)

Pastor: Ansprache zu »Er streckte seine Hand aus von der Höhe und faßte mich und zog mich aus großen Wassern« (Psalm 18,17) *oder:* Gedanken zum Wasser – Wasser des Lebens, Mythos vom Storch, der, im Wasser stehend, das Kind aus der Urtiefe des (Frucht-)Wassers zieht.

Sprecher: In einem buddhistischen Kloster in Tibet wird ein Urevangelium aufbewahrt, das ein Mönch der Essener verborgen hielt, um es vor Verfälschern in Sicherheit zu bringen:

Hört dieses Gleichnis von den Fischen. Die Fische eines Flusses sprachen zueinander und sagten: »Man behauptet, daß unser Leben vom Wasser kommt, aber wir haben noch niemals Wasser gesehen, wir wissen nicht, was es ist.« Da sagten einige von ihnen, die klüger waren als die anderen, »Wir haben gehört, daß im Meer ein kluger und gelehrter Fisch lebt, der alle Dinge kennt. Wir wollen zu ihm gehen und ihn bitten, uns das Wasser zu zeigen.« So machten sich einige von ihnen auf, den großen, weisen Fisch zu suchen, und sie kamen endlich in das Meer, wo der Fisch lebte, und sie fragten ihn.
Als er sie angehört hatte, sagte er: »O ihr dummen Fische! Im Wasser lebt ihr und bewegt ihr euch und habt ihr euer Leben; aus dem Wasser seid ihr gekommen, zum Wasser kehrt ihr wieder zurück. Ihr lebt im Wasser, aber ihr wißt es nicht!«
So lebt ihr auch in Gott, und doch bittet ihr mich: Laßt uns Gott sehen! Gott ist in allen Dingen, und alle Dinge sind in Gott.

Pastor: (Nun betet der Priester über das Wasser:)
Dies ist der bodenlose Mutterschoß,
in dem ich ward geboren – leicht bewegtes
Taufwasser, und mit stillen, ruhigen Augen
steht Gott der Vater immer noch, groß wie ein Baum,
überall über meinen Ursprung gebeugt;
und ich fühl' überall, aufs neue mutterbloß,
wie er mich aufhebt aus der tiefsten Not
und meinen Namen sagt, festlich und klar.
Fruchtwasser meiner Taufe, von dir her
sehe ich mich selbst mit andern Augen an,
in dich zurück spiegel' ich Schande und Verlust.
Alles ist anders: Klein und überwältigt stehe ich
im kamelhärenen Schatten des Täufers
an den Wassern des Jordan.
(Entnommen: Heinz G. Schmidt (Hrsg.), Zum Gottesdienst morgen, Jugenddienstverlag Wuppertal 1969, S. 168ff.)

Gemeinde: Kanon: Der Himmel geht über allen auf

Eltern und Paten treten mit dem Täufling nach vorn, die anwesenden Kinder bilden einen Kreis um die Tauffamilie.

Pastor: Taufbefehl nach Mt. 28

Gemeinde: Apostolicum oder ein zeitgenössisches Credo

Pastor: Frage an die Eltern:
Liebe Eltern! Seid ihr bereit, euer Kind, das ihr in der Taufe Gott anvertraut, auch selbst anzunehmen mit seinen Gaben und Mängeln und nach bestem Wissen und Gewissen seine Erziehung wahrzunehmen in Liebe, Geduld und Verantwortung vor Gott und den Menschen, so sprecht: Ja, mit Gottes Hilfe! (Gerade diese Bejahung unter Berufung auf Gott sollte im Taufgespräch den Eltern erläutert werden.)
Zum Zeichen dafür, daß ihr bei dieser Aufgabe nicht alleingelassen seid, habt ihr Menschen, die euch nahestehen, zu Paten eures Kindes gebeten (Namen der Paten nennen).
Liebe Paten! Ich frage euch: seid ihr bereit, diese Patenschaft zu übernehmen und euerm Patenkind Liebe und Freundschaft, Verständnis und Hilfe, Zeit und Rat zu schenken und ihm mit Gedanken, Worten und Taten als Vorbild Wege der Bewältigung seines Lebens zu zeigen, so antwortet: Ja, mit Gottes Hilfe.
Liebe Eltern und Paten! Die Taufe begründet zwischen Gott und euerm Kind eine enge Beziehung. Sie wird fruchtbar, wenn euer Kind von diesem guten Zusammengehören mit Gott erfährt, wenn es behutsam angeleitet wird, diese Verbindung zu pflegen, wachsen zu lassen und mit Leben zu erfüllen.
Wollt ihr euerm Kind dabei helfen, so gut ihr es vermögt, so antwortet: Ja, mit Gottes Hilfe.
So frage ich euch:
Wollt ihr, daß dieses Kind im Namen des dreieinigen Gottes getauft wird, so antwortet: Ja.

Taufakt
(Handauflegung)
Zum Zeichen dafür, daß wir als christliche Gemeinde, als Eltern und Paten zu diesem Kinde stehen, es schützen und ihm helfen wollen, legen wir ihm nun unsere Hände auf.
(An dieser Stelle sprechen Eltern, Paten und Pastor einzeln einen Bibelvers als Segensvotum.)
Gemeinde: Kind, du bist uns anvertraut.

Pastor: Einsegnung der Familie (also nicht nur der Mutter mit dem Täufling, sondern auch des Vaters einschließlich vorhandener Geschwister)

Gebet

Gemeinde: Vaterunser

Pastor: Segen

Orgelnachspiel

Wolfgang Gerlach

Familiengottesdienst mit Taufe und Abendmahl

Orgelvorspiel

Begrüßung und Einführung:
Lasset die Kinder zu mir kommen!

(s. unten stehende Thesen; selbstverständlich werden diese Gedanken nicht in dieser thetischen Form vorgetragen, sondern mehr erzählend, wie es bei uns zu dieser Gottesdienstform gekommen ist. Dabei liegt der Schwerpunkt auf den Thesen 1,7 und 8. Auf das Thesenpapier wird für Interessierte hingewiesen.)
Gemeinsames Lied: Komm her, wir feiern heute 1-3

Kinderevangelium

Einmal brachte man Kinder zu Jesus. Er sollte ihnen die Hand auflegen. Die Jünger aber ärgerten sich und schimpften mit den Leuten, die die Kinder hergebracht hatten. Als Jesus das hörte, wurde er richtig zornig und sagte zu seinen Freunden: Laßt doch die Kinder zu mir kommen! An ihnen könnt ihr erkennen, wie Gott liebt. Denn wer Gottes Geist nicht so wie diese Kinder empfängt, ohne jedes eigene Zutun, der geht leer aus im Reich Gottes.
Und er nahm die Kinder, eins nach dem andern, in die Arme, legte ihnen die Hand auf und segnete sie.
Gemeinsames Lied: Komm her ... Str. 3

Taufbefehl

Christus spricht: Mir ist gegeben alle Gewalt im Himmel und auf Erden.
Habt keine Angst. Ich habe alles in der Hand, Großes und Kleines, Gutes und Böses.

Darum gehet hin und machet zu Jüngern alle Völker.
Gewinnt alle Menschen für meine Sache.
Taufet sie auf den Namen des Vaters und des Sohnes und des Heiligen Geistes und lehret sie halten alles, was ich euch befohlen habe.
Helft ihnen, so zu leben, wie ich es euch gezeigt habe.
Und siehe, ich bin bei euch alle Tage bis an der Welt Ende. Vergeßt das nicht: Wohin ihr auch geht und was immer auch kommt, ich bin bei euch.
(Dabei gieße ich deutlich sichtbar und hörbar das Taufwasser aus einer Kanne, die bis dahin auf dem Altar stand, ins Taufbecken.)

Meditation

Während einer leisen Zwischenmusik von der Orgel werden Blätter mit 4 Bildern ausgegeben, unter denen jeweils das Wort ›Wasser‹ steht. Die Gottesdienstbesucher sollen sich in kleinen Gruppen miteinander auf eine gemeinsame Unterschrift einigen, die möglichst genau die jeweilige Bildaussage wiedergibt. Aus den Ergebnissen:
Wasser ist kostbar, ein Geschenk, lebensnotwendig, stillt den Durst
Wasser verlockt zum Abenteuer, macht Spaß, ist gefährlich, trägt
Wasser ist wunderbar, kann tödlich sein, ist wie das Leben, ist schön
Wasser macht sauber, ist nötig, wird täglich gebraucht, macht lebendig.
Anschließend werden die Unterschriften zu den Bildern abgerufen, von mir gebündelt und in knappen, bekenntnisartigen Wendungen auf die Taufe hin gedeutet, wo das noch ausdrücklich nötig ist.

Gemeinsames Lied: Du bist da, wo Menschen leben (Kirchentagsliederheft Nr. 699)

Gemeinsames Credo

Tauffrage:

Liebe Eltern und Paten, ihr wollt, daß diese Kinder auf den Namen des dreieinigen Gottes getauft werden. Das ist eine lebenswichtige Entscheidung für euer Kind. Ihr wollt, daß es Gott gehört. Gott sagt ›ja‹ zu eurem Kind. Ihr sollt es nun so begleiten, daß es, wenn es größer ist, auch ›ja‹ sagen kann zu Gott. Versprecht ihr, dafür nach besten Kräften zu sorgen, so antwortet: Ja!

Taufen

Gemeinsames Lied: Ich bin getauft auf deinen Namen (EKG 152, 1+4)

Einsetzungsworte zum Abendmahl

(Die Worte werden zur Gemeinde gesprochen. Brot und Kelch werden dabei in die Hand genommen und der Gemeinde gezeigt).

Gott hat uns lieb.
Jesus mußte für uns sterben.
Am Kreuz.
Am letzten Abend war er mit seinen Jüngern zusammen.
Er aß und trank mit ihnen.
Von einem Brot aßen sie.
Aus einem Kelch tranken sie.
Auch Judas durfte dabeisein,
Judas, der Jesus verraten hat.
Jesus nahm das Brot,
Brot wie dieses hier,
Er dankte Gott und brach das Brot.
Dabei sagte er:
Das ist mein Leib.
Ich muß sterben.
Brot muß man zerbrechen,
damit alle satt werden.
Ich muß sterben,
damit alle gerettet werden.
Nehmt und eßt jetzt.
Später sollt ihr es mir nachtun,
immer wieder, zu meinem Gedächtnis.
Dann aßen sie miteinander.
Zum Schluß nahm Jesus den Kelch,
einen Kelch wie diesen,
gefüllt mit Wein.*
Er sprach das Dankgebet.
Dann gab er den Kelch im Kreis herum.
Dabei sagte er:
Nehmt hin und trinkt.
Dieser Kelch macht euch zu Gottes Freunden.
Dafür vergieße ich mein Blut.
Nun ist die Tür offen
zum Fest des Lebens
bei Gott.

* Wir sagen auch, wenn wir Saft benutzen, bewußt ›Wein‹, da es sich ja um ›das Gewächs des Weinstocks‹ handelt.

Das feiert,
sooft ihr aus diesem Kelch trinkt,
zu meinem Gedächtnis.
Gott hat uns lieb,
jeden von uns.
Auch du bist eingeladen.

Gemeinsames Vaterunser

Gemeinsames Lied: Christe, du Lamm Gottes

Austeilung

Die Kommunikanten stehen in Gruppen zu je ca. 30 Personen im Kreis um Taufbecken und Altar herum. Kleinere Kinder werden teilweise auf dem Arm hergebracht. Ich teile die Brothostien so aus, daß jeder zweite eine erhält, die er mit seinem Nachbarn teilt. Die Kinder vollziehen diesen Ritus durchweg mit großer Aufmerksamkeit und spürbarem Ernst. Soweit ich Kleinkinder beim Ausgeben des Brotes nicht ›mitgezählt‹ habe, wird hier und da die Oblate in 3 Teile gebrochen, damit alle essen können. Andere Eltern fragen ihre Kinder leise und lassen sie, wenn sie nicht wollen, aus.
Die 6 Kelche gebe ich an mehreren Stellen des Kreises gleichzeitig aus, so daß jeweils etwa 5 Teilnehmer aus einem Kelch trinken.
Zum Schluß stelle ich die Kelche wieder auf den Altar und reihe mich in die Runde ein. Wir fassen uns an den Händen und singen
Gemeinsames Lied: Komm, laß dieses Fest nicht enden (s. »Gottesdienstpraxis« VI 2, Seite 42f.)

Danach löst sich, während wir mit der übrigen Gemeinde eine Strophe des Liedes singen, der Kreis auf, und die Kommunikanten gehen auf ihre Plätze zurück. Bei der abschließenden Wiederholung des Refrains stellt sich der neue Kreis auf.
Ist die Zahl der Kommunikanten größer als 4 mal 30, dann singen wir nach der 4. Strophe wieder die erste usw. oder
wir singen den Kanon: Jubilate deo, zuerst im Kreis einstimmig, dann, während die Teilnehmer gehen und kommen, mit der ganzen Gemeinde im Kanon. Nach kurzer Anleitung zu Beginn gelingt das ohne jedes Dirigieren; ich hebe lediglich den Arm zum gemeinsamen Schluß.
Nach der Kommunion folgt ein
Dankgebet, z. B.

Danke, Herr, für das Zeichen des Wassers,
das uns deine Gnade erfahren läßt.

Danke für Brot und Wein*,
in denen du dich uns auslieferst.
Laß uns sorgfältig sein im Bewahren deiner Gaben
und großzügig im Weitergeben,
bis du bei allen und in allem bist. Amen.
Gemeinsames Lied: Komm, Herr, segne uns

Segen

Orgelnachspiel

Thesen:

›Lasset die Kinder zu mir kommen‹
– Kinder beim Abendmahl müssen der Normalfall werden –

1. Das Mahl, das Jesus mit seinen Jüngern gehalten hat, kannte keine Beschränkung auf Menschen mit bestimmten Vorleistungen oder Vorkenntnissen, im Gegenteil: Es erregte Aufsehen, weil – anders als im Judentum üblich und erlaubt – jeder kommen durfte, z. B. auch Frauen, die damals gesellschaftlich noch weniger galten als heute die Kinder.

2. Das Abendmahl, das die ersten Christen ›hin und her in den Häusern‹ feierten (Act. 2,46), war mit einem ›profanen‹ Abendessen verbunden (1. Kor. 11,17ff.), an dem vermutlich alle Familienmitglieder teilnahmen. Wenn es später in der Urkirche zu einer kontrollierten Abendmahlszulassung kam, dann nicht, weil das Mahl des Herrn einen bestimmten Glaubensstand voraussetzt, um wirksam zu sein; sondern die Gemeinde in der Verfolgungssituation zog die Grenze zwischen unverzichtbarer Missionsarbeit und unabdingbarem Sicherheitsdenken so, daß sie die Gemeindeversammlung in einen öffentlichen Teil (= Predigt) und ein Arkanum (= Abendmahl) aufteilte.

3. Die vielstrapazierte Stelle 1. Kor. 11,27 meint die Art der Feier, nicht die moralische Qualität der Teilnehmer: ›Unwürdig‹ nennt Paulus das Abendmahl in Korinth, weil dabei die Armen und Abhängigen in ihrer Hilflosigkeit bloßgestellt werden. Drohen unsere herkömmlichen Abendmahlsfeiern nicht immer noch in diesem Sinn ›unwürdig‹ zu sein?

4. Nach der Reformation verband sich die Abendmahlszulassung mit der Konfirmation, ›denn wir sind's nicht gesinnet, dazuzulassen und zu reichen denen, die nicht wissen, was sie da suchen und warümb sie kommen‹ (Gr. Katechismus). Die konsequente Anwendung dieser Maxime, verbunden mit einer realistischen Einschätzung des Wissensstandes bzw. des biblisch fundierten religiösen Bewußtseins bei Deutschlands konfirmierten Protestanten müßte zu einem alsbaldigen Verbot jeder öffentlichen Abendmahlsfeier führen. Luther bezieht sich bei seiner Forderung auf die schwebende Formel ›den Leib des Herrn unterschei-

den‹ (1. Kor. 11,29); nimmt man ihn dabei biblisch – und nicht in intellektueller Engführung! – beim Wort, dann ist eine Abendmahlsfeier nur ›lutherisch‹, wenn sie ›Jesus gemäß‹ ist.

5. Die Einbindung des Abendmahls ins Kirchenrecht wollte sicherstellen, daß Konfessionszugehörigkeit sich in der Gemeinschaft an Wort und Sakrament konstituiert und nicht in irgendwelchen bürokratischen Setzungen. Wer jetzt die kirchenrechtliche Bedeutung der Abendmahlszulassung als Waffe gegen die Teilnahme von Kindern benutzt, verkehrt ihre Absicht ins Gegenteil.

6. Die Gefahr, daß Kinder gedankenlos oder mit magischen Vorstellungen am Abendmahl teilnehmen, ist nicht von der Hand zu weisen; nur unterscheiden sich Kinder darin in nichts von den Erwachsenen. Verkündigung und Unterweisung sind für beide unverzichtbar. Verkündigung ist ein ganzheitlicher Vorgang, der sowohl aus theologischen wie aus pädagogisch-psychologischen Erwägungen keine Altersgrenze (z. B. Grundschulalter) erlaubt. Im übrigen belegt die Praxis, daß sich z. B. pubertierende Jugendliche oder materialistisch oder idealistisch ideologisierte Erwachsene mit der unmittelbaren Sinnhaftigkeit des Abendmahls viel schwerer tun als Kinder im Vorschulalter.

7. Wer es für richtig hält, die Taufe, die doch einmalig ist und deshalb des nachfolgenden Verstehens bedarf, an Kindern zu vollziehen, kann ihnen das Abendmahl, das auf Wiederholung und fortschreitendes Verständnis angelegt ist, nicht verweigern.

8. Das evangelische Verständnis vom Abendmahl, das als einzige ›Vorbedingung‹ für seine Wirksamkeit die Teilnahme am gemeinsamen Mahl kennt, fordert damit geradezu die Teilnahme von Kindern. Nicht wer Kinder zuläßt, sondern wer sie vom Tisch des Herrn zurückweist, muß den Beweis antreten, daß er damit noch in Übereinstimmung mit Schrift und Bekenntnis steht.

Klaus von Mering

Taufen von Jugendlichen und Erwachsenen

Gottesdienst zur Taufe von größeren Kindern

Vorbemerkung:
Der Taufgottesdienst fand an einem Mittwochmorgen in der Kirche statt. Getauft wurden die 9jährige Beate L. und der 10jährige Manfred M., Kinder aus dem hiesigen SOS-Kinderdorf. Neben den Pflegemüttern und den Paten waren die Lehrer und die Schüler der Klasse 4c anwesend.
Der Taufgottesdienst wurde zuvor von einer Lehrerin im Religionsunterricht vorbereitet.

1. *Flötenspiel* der Schüler

2. *Lied:* »Hört, wen Jesus glücklich preist« (Anhang 77, Nr. 845)

3. *Begrüßung*
Grüß Gott und guten Morgen.
Ich denke, ihr kennt mich alle, habt mich zumindest schon einmal gesehen in der Schule oder auf der Straße, und manch einer von euch auch in der Kirche. Schon ganz lange bin ich hier Pfarrer an der evangelischen Kirche in Eisenberg. Und in dieser Zeit habe ich schon viele taufen dürfen –, immer im Namen des Vaters und des Sohnes und des Heiligen Geistes. Die allermeisten waren noch arg klein bei ihrer Taufe, konnten noch nicht gehen und wurden von ihren Paten hierher getragen. Andere waren schon ein bißchen größer, vielleicht vier oder acht oder zwölf ..., und ab und zu läßt sich auch jemand taufen, der schon richtig erwachsen ist. Das aber ist ziemlich selten.
Heute nun sollen der Manfred und die Beate getauft werden. Sie sitzen neben ihren Müttern und Paten und mitten unter euch. Es ist schön, daß das so ist.

4. *Lied*
Und nun singen wir mit euch zusammen das Lied, das ihr gerade gelernt habt und das ihr so gerne singt: »Schalom für Dorf und Stadt« (Aus: Ich will dir vom Frieden erzählen, Burkh.haus-Verlag 1982, S. 75)

5. *Biblische Geschichte*
In der Bibel werden von Jesus viele schöne Geschichten erzählt. Eine gefällt mir besonders gut, und ich will sie nicht für mich behalten. Sie geht so:
Als Jesus nach langem Zögern wieder mal nach Hause ging, über die Wiesen, durch die Felder, war es schön; ein wunderbarer Sommertag.
Er war nicht allein, seine Freunde waren mit dabei. Sie unterhielten sich über dieses und jenes, sie redeten und fragten und hörten zu, und – wer weiß? – vielleicht gab es für sie auch etwas zu lachen.
Dann kamen sie in ein kleines Dorf. Im Nu waren viele Leute um sie herum. Ein paar Väter und Mütter mit ihren Kindern an der Hand drängten sich vor. Sie ba-

ten Jesus: Bitte, leg ihnen deine Hand auf. Segne unsere Kinder. Und bete mit ihnen, bete für sie ...
Es ging ein bißchen laut zu, weil alle durcheinandersprachen. Darüber ärgerten sich Jesu Freunde, sie fühlten sich gestört, und überhaupt, Jesus ist doch nichts für kleine Kinder!
Haut ab! Verschwindet! Ihr stört nur ihn und uns!, sagten sie zu den Müttern und Vätern und Kindern. Unser Herr und Meister hat anderes im Kopf und anderes zu tun, als sich mit Kindern abzugeben.
Sie meinten es gut.
Aber Jesus fand das nicht gut. Halt, sagte er, so nicht! Ihr Kinder, kommt mal her! Zögernd, noch ein bißchen unsicher, kamen sie zurück zu Jesus. Der schaute seine Freunde an und all die anderen Leute aus dem kleinen Dorf und sagte: Kleine Kinder darf man nicht fortschicken! Besonders denen gehört das Reich Gottes. Ich sage euch, und Gott weiß, daß es wahr ist: Nehmt euch an den Kindern ein Beispiel. Wer nicht so glauben und lieben und hoffen kann wie ein Kind, der wird es schwer haben, zum Reich Gottes zu gehören.
Dann winkte er die Kinder zu sich. Jedes Kind nahm er in die Arme, allen Kindern legte er die Hand auf und segnete sie.
Dann gingen sie weiter, wortlos, Jesus und seine Freunde. Die Kinder waren glücklich, die Leute im Dorf freuten sich, und sogar die Sonne am Himmel lachte heimlich ein bißchen hinter einer kleinen weißen Wolke. (Nach Matthäus 19,13–15)

6. *Lied*
Jetzt wollen wir noch einmal das Lied singen, das wir zu Beginn gesungen und gehört haben: »Hört, wen Jesus glücklich preist«. Ich glaube, es paßt ganz gut zu unserer Geschichte.

7. *Glaubensbekenntnis der Kinder,* gemeinsam gesprochen:
Wir glauben, daß Gott uns alle lieb hat. Es ist schön, unter seinem Himmel zu leben. Es tut gut zu wissen, daß es ihn für uns gibt.
Wir glauben, daß Jesus ein Herz für uns hat. Wir sind ihm wichtig. Wir nehmen gern, was er uns gibt. Wir hören gern, was er uns sagt, und verlassen uns auf sein Wort.
Wir glauben an Gottes guten Geist. Er bringt uns schon auf den rechten Weg, er ist immer bei uns. Er will, daß wir mit einem jeden gut und in Frieden leben. Amen.

8. *Tauflied*
Ihr habt, in der Schule, ein Lied aus dem Gesangbuch gelernt. Es ist unser Tauflied, die zwei ersten Strophen wollen wir nun zusammen singen. (Lied Nr. 151, 1+2)

9. *Vorstellung*
Im Namen Gottes, in Jesu Namen und im Namen des Heiligen Geistes werden nun zwei Mitschüler von euch getauft:
Die Beate. Das ist ein ganz schöner Name, schon viele Leute wurden auf diesen Namen getauft, der auf deutsch heißt: die Glückliche. Und das wünschen wir dir alle, wirklich alle, Beate, daß du sehr glücklich wirst in deinem Leben, daß dich viele Menschen lieb haben, daß es für dich viele Gründe gibt, dich deines Lebens zu freuen, und daß auch der liebe Gott an dir seine Freude hat.
Der Manfred. Dein Name bedeutet in unserer Sprache: Der, der den Frieden schützt, der für Frieden sorgt. Und das wünschen wir dir alle, wirklich alle, Manfred, daß du mit allen in Frieden leben kannst, daß es da, wo du bist, friedlich zugeht, daß du deine Gaben dazu benutzt, um für Frieden zu sorgen, so daß auch der liebe Gott an dir seine Freude hat.

10. *Erklärung*
Was bedeutet die Taufe?
Ich lese aus eurer Schulmappe uns allen vor, was ihr im Religionsunterricht bei Frau L. erarbeitet:
Durch die Taufe werden wir Gottes Eigentum.
Jetzt kann uns von der Liebe Gottes nichts mehr trennen.
Ich habe viele Brüder und Schwestern auf der ganzen Erde.
Ich darf ohne Angst sein, denn Gott steht zu mir und seinem Wort.
Was bedeutet das Wasser bei der Taufe?
Nichts kann wachsen, groß werden und blühen ohne Wasser. Was für die Pflanzen gilt, gilt erst recht für uns Menschen. Das Taufwasser ist ein Zeichen dafür.
Warum schöpft der Pfarrer dreimal Wasser aus dem Taufbecken?
Weil er tauft auf den Namen des Vaters und des Sohnes und des Heiligen Geistes –, auf den Namen des dreieinigen Gottes.
Warum legt er dem Getauften die rechte Hand auf?
Auch das ist nur ein Zeichen. Wenn eine Mutter ihre Hand dem kranken Kind auf die Stirn legt, dann will sie ihm damit sagen: Du bist nicht allein, ich halte zu dir und bleibe auch bei dir.
Dieses Versprechen gibt Gott jedem bei seiner Taufe.

11. *Flötenspiel* einer Schülergruppe

12. *Einsetzungsworte*
Jesus Christus spricht: Mir ist gegeben alle Gewalt im Himmel und auf Erden. Darum gehet hin und lehret alle Völker und tauft sie auf den Namen des Vaters und des Sohnes und des Heiligen Geistes.
Kraft dieses Befehls unseres Herrn Jesus Christus will ich nun die Beate und den Manfred taufen.

13. *Taufhandlung*

14. Jetzt wollen wir das zweite Tauflied singen, das ihr gelernt habt. Im Gesangbuch finden wir es unter der Nummer 152; wir singen zwei Strophen.

15. *Gebet*
Gott,
dir wollen wir danken, wir wollen dich bitten, dich möchten wir unsere Hoffnung wissen lassen.
Wir danken dir für alles, was du uns bist und für uns tust.
Wir danken dir für unsere Gemeinschaft und für all das Schöne, das wir zusammen erleben dürfen.
Wir bitten dich um Menschen, die es gut mit uns meinen.
Wir bitten dich für alle Menschen auf dieser Erde, daß sie in Frieden und Gerechtigkeit leben können, und laß uns ihnen dabei helfen.
Wir hoffen, daß du mit uns bist auf unserem Lebensweg.
Wir setzen unsere Hoffnung darauf, daß wir alle als deine Kinder, hier und überall, allen Grund haben, dich zu loben, in Ewigkeit. Amen.

16. *Vaterunser*

17. *Lied* der Kinder
Zum Schluß singen wir noch das schöne Lied, das Rudolf Otto Wiemer gedichtet hat, und Martin Gotthard Schneider hat die Noten geschrieben. Es heißt: »Die Vögel unterm Himmel, die Spatzen und die Raben, die sagen uns, wir sollen nicht zuviel Sorgen haben« (Anhang 77 – Nr. 810)

18. *Segen*

19. *Flötenspiel*
Nachbemerkung: Nach dem Gottesdienst trafen sich alle im Klassenraum der 4c, um gemeinsam das Frühstück (Kakao und Streußelkuchen) einzunehmen.

Dieter Schupp

Gottesdienst zur Taufe von größeren Kindern

Text: Jesaja 55,10-12a

Vorbemerkung: Aus unterschiedlichen Gründen kommt es immer häufiger vor, daß Kinder erst mit 3, 7, 11 oder 14 Jahren getauft werden (w)sollen. Im folgenden ist eine Tauffeier für mehrere solcher Kinder unterschiedlichen Alters wiedergegeben. –
Um die Taufschale standen Primeltöpfchen, in denen je ein Holzstäbchen steckte, an dessen Spitze ein Fähnchen mit dem Taufspruch (aus dem Tauftext Jesaja 55,10-12a) des jeweiligen Kindes angebracht war. Jedes der Kinder bekam im Zusammenhang der Taufansprache eines der Blumentöpfchen überreicht.
Außerdem hatten Freunde der Taufkinder aus dem Kindergarten, Religionsunterricht, Kindergottesdienst oder Jugendgruppe für sie eine mit farbiger Wachsfolie dekorierte Taufkerze gebastelt, die im Verlauf des Taufgottesdienstes übergeben wurde.

Tauflied

Pfarrer
Begrüßung ... Wir feiern zusammen Taufe im Namen des Vaters und des Sohnes und des Heiligen Geistes.

Eingangspsalm
(von einem der größeren Taufkinder gelesen):
Singet dem Herrn ein neues Lied
denn er tut Wunder.
Er läßt sein Heil kund werden
Vor den Völkern macht er seine Gerechtigkeit offenbar
Er gedenkt an seine Gnade und Treue
Aller Welt Enden sehen das Heil unseres Gottes
Jauchzt dem Herrn, alle Welt
singt, lobt und preist
Lobt den Herrn mit Pfeifen und Saitenspiel
mit Trompeten und Posaunen.
Das Meer brause und was darinnen ist
der Erdkreis und alle die darauf wohnen
die Ströme sollen jubeln
und alle Berge fröhlich sein
vor dem Herrn! (aus Psalm 98)

Gebet (Pfarrer)

Gott, du unser Vater im Himmel,
Du hast diesen Mädchen und Jungen das Leben geschenkt
vor 5, 9 oder 14 Jahren.
Du hast sie wachsen
und viel Gutes erfahren lassen,
sie in gefahrvollen Augenblicken bewahrt.
Nimm sie nun in der Taufe als deine Kinder,
als deine Söhne und Töchter an!
Du willst ein liebevoller Vater sein;
hilf ihnen, dein gutes Wort zu hören,
in Kopf und Herz festzuhalten
und daraus zu leben.
Laß uns in deiner Gemeinde
als deine Familie, als Geschwister deines Sohnes
Jesus Christus miteinander leben
aus deiner Fülle. Amen

Lesung

(ein anderes der älteren Taufkinder):
Als uns die Freundlichkeit Gottes unseres
Heilands begegnete,
rettete er uns,
– nicht um der Werke der Gerechtigkeit willen,
die wir getan hätten, sondern um seiner Barmherzigkeit willen – und zwar durch die Taufe.
Sie gibt einen neuen Anfang aus seinem heiligen Geist,
den er in reichem Maß wie ein lebenschenkendes
Wasser über uns ausgegossen hat durch Jesus Christus,
damit wir durch ihn gerecht seien, seine Kinder und
Erben des ewigen Lebens – voller Hoffnung.
Das ist gewiß wahr! (Titus 3,4-7)

Kinderpredigt

über Jesaja 55,10-12a (Pfarrer):
Liebe Kinder, die ihr jetzt getauft werden sollt, liebe Eltern und liebe Angehörige.
Bei der Taufe – so haben wir eben gehört – verspricht Gott:
Ich will dein Vater im Himmel sein, du sollst mein Sohn, meine Tochter sein, du sollst in die Gottesfamilie der Gemeinde Jesu Christi aufgenommen werden. Ich will dir immer nahe bleiben und euch begleiten. Ich will immer wieder mit dir sprechen, du darfst mit mir sprechen – wir gehören zusammen – und das ist gut.

Wenn ich nun gleich – so wie wir es vorgestern besprochen haben – beim Taufen mit der Hand Wasser schöpfe und es über eure Köpfe gieße, dann hat das etwas zu bedeuten:
Wasser schöpfen, mit Wasser begießen – das macht man mit Pflanzen im Garten oder mit Blumen (wie diesen Primeln, die um unser Taufbecken stehen). Wenn man sie gießt, blühen sie lange, bleiben kräftig und grün. –
Wenn Gott mit uns redet und uns segnet mit seinem Wort, dann grünt unser Leben auch, dann bringt es wunderbare Blüten hervor und wird so fruchtbar, daß wir selbst und andre davon leben können.
Wie beim Blumengießen kommt es auch hier auf Regelmäßigkeit und zuverlässige Treue an.
Man kann nicht einmal einen ganzen Eimer voll darüber schütten und sagen: »Das reicht für die nächsten Jahre!«
Das Pflänzchen unseres Glaubens will treu gepflegt sein. Es braucht immer neu den warmen, fruchtbaren, erquickenden Regen des Wortes Gottes. Dann gibt es nicht nur eine kurze Blütezeit (nach der man die Pflanze wegwirft), sondern dann übersteht das Pflänzchen auch die Pausen zwischen den Blütezeiten; man kann es sogar aus dem Blumentöpfchen und aus der warmen, schützenden Wohnung hinaus ins Freie pflanzen. Es wird scharfen Wind und Frost überstehen und danach neue Blüten treiben.
An all das erinnert das Wasser bei der Taufe. Der Prophet Jesaja (55,10 und 11) hat das einmal so gesagt:
»Gott verspricht:
Wie Regen und Schnee vom Himmel fallen und nicht dorthin zurückkehren, als bis sie die Erde gefeuchtet und fruchtbar gemacht haben, daß Same keimt, wächst, blüht und Frucht bringt, von der man leben kann –, so soll es mit meinem Wort auch sein: Es soll nicht leer zu mir zurückkommen,
sondern tun, was mir gefällt,
und soll ihm gelingen, wozu ich's ausgesandt habe.«
Damit ihr das nicht so schnell vergeßt, möchte ich jedem von euch ein Primeltöpfchen schenken und zur Pflege anvertrauen.

Gemeinsames Lied

Glaubensbekenntnis
(eins oder mehrere der älteren Kinder lesen das folgende Bekenntnis, das die Konfirmandengruppe zusammengestellt hat):
Ich glaube, daß Gott mich mit allen andern schuf. Er hat die größte Macht. Er weiß, was ist und was kommen wird. Er ist unser Vater, und wir sind seine Kinder. Er liebt uns alle, Sünder wie Fromme. Er hat mein Leben in der Hand und führt mich durch mein ganzes Leben. Er ist bei uns in allen Gefahren. Er schickt Gutes und Schweres und hilft mir, wo immer ich auch bin. Aber manchmal traut

er mir auch zu, mit eigenen Problemen fertig zu werden und andern zu helfen, ihre Probleme zu lösen.
Er hat uns Verstand gegeben, damit wir lernen, die Gaben der Natur zu nutzen. Er spricht mit uns durch die Bibel. Seine Gebote geben unserem Leben einen Halt.
Ich glaube an Jesus Christus. Er kam von Gott her. Gott hat sich durch ihn zu erkennen gegeben und uns gezeigt, wie er wirklich ist. Jesus hat für uns gelebt und ist für uns gestorben, und doch ist er nicht tot, sondern lebendig bei uns. Man kann sich auf ihn verlassen. Sein Leben soll für mich ein Beispiel und Vorbild sein, anderen Menschen zu helfen und auch für andere zu leiden. Er will uns helfen, gleichgültig, ob wir Rang und Namen haben oder nicht. Durch ihn weiß ich, daß meine Sünde mir vergeben werden kann.
Auch in Angst und Sterben ist er bei mir. Er ist stärker als der Tod.
Darum glaube ich an das ewige Leben.
Ich glaube an den Heiligen Geist. Er ist eine Kraft Gottes, die in uns wirkt. Ich brauche ihn, um zu glauben und recht leben zu können. Er läßt uns zu Gott gelangen und verbindet uns mit ihm. Er gibt uns Zeichen, daß Gott uns nicht vergessen hat, und hilft uns, rechte Entscheidungen zu treffen. Er bringt uns mit anderen Menschen zusammen, auch mit solchen, denen man anmerkt, daß sie Gott gehören.

Tauffrage (Pfarrer):
Liebe Eltern und Paten:
Wollt ihr, daß eure Kinder getauft werden? Wollt ihr dafür sorgen, daß es ihnen am fruchtbaren Regen des Wortes Gottes nicht fehlt? –
Und ihr größeren Kinder und Konfirmanden:
Wollt ihr getauft und so in die Gottesfamilie aufgenommen werden? Wollt ihr euch vom lebenschenkenden Wasser des Wortes Gottes immer wieder überschütten und segnen lassen? – So sprecht alle zusammen: Ja.
Taufe der Kinder
Alle fassen sich bei den Händen, und der Pfarrer sagt:
Wir gehören zusammen, Gott ist unser Vater, Jesus Christus unser Bruder geworden, wir sind eine große Familie.
Überreichung der Taufkerzen
Lied 227, 1,7,8

Schlußgebet (Pfarrer)
Vater im Himmel, wir haben jetzt in der Taufe erfahren, daß wir zu dir gehören dürfen, du bist unser Vater, Jesus Christus ist unser Bruder geworden – und wir gehören zusammen.
Wir kennen Menschen, die uns mögen.

Für all das danken wir dir
und freuen uns über dies Tauffest
und über all das Schöne, das du uns in unserem Leben schon geschenkt hast
und noch schenken willst.

Vaterunser

Segen

Klaus Zillessen

Gottesdienst zur Taufe von Konfirmanden

Heute feiern wir unsere Konfirmation. Konfirmation bedeutet: Befestigung und Bekräftigung. Wir übernehmen und bekräftigen das Taufbekenntnis, das unsere Eltern und Paten stellvertretend für uns bei unserer Taufe gesprochen haben.
Vier von uns empfangen heute die Heilige Taufe. Im Unterricht haben wir über die Bedeutung der Heiligen Taufe gesprochen und uns darüber Gedanken gemacht. Darüber wollen wir Ihnen jetzt berichten.
Die christliche Kirche ist ohne die Heilige Taufe nicht denkbar. Das hat seinen Grund darin, daß Jesus Christus seinen Jüngern das Taufen befohlen hat. Er spricht als der auferstandene Herr:
Alle: »Mir ist alle Macht gegeben, im Himmel und auf Erden. Darum geht hin und macht alle Völker zu Jüngern: Tauft sie auf den Namen des Vaters und des Sohnes und des Heiligen Geistes und lehrt sie alles zu halten, was ich euch befohlen habe. Und siehe, ich bin bei euch alle Tage bis an das Ende der Welt.«
Mit der Heiligen Taufe wird man Mitglied einer ganz bestimmten Kirchengemeinschaft als Teil der weltweiten Kirche Jesu Christi.
Die meisten unter uns haben als kleines Kind die Heilige Taufe empfangen. Das macht deutlich, daß Gott keine frommen Vorleistungen von uns erwartet, bevor er mit uns einverstanden ist.
Zwar hat Jesus die Taufe kleiner Kinder nicht eingesetzt. Sie ist aber in seinem Sinn; denn er sagt: »Laßt die Kinder zu mir kommen und hindert sie nicht, denn gerade für Menschen wie sie steht Gottes neue Welt offen.«
Im Mittelpunkt der Taufe steht Gottes Handeln. Gott spricht zu uns: »Fürchte dich nicht, denn siehe, ich habe dich erlöst! Ich habe dich bei deinem Namen gerufen! Du bist mein.« (Jes. 43,1)
Die Heilige Taufe bezeichnen wir als ein Sakrament. Sakrament nannte man früher auch den Akt, wenn die Soldaten den Fahneneid ablegten. Wer die Hei-

lige Taufe empfängt, legt den Fahneneid für Jesus Christus ab. Somit ist die Heilige Taufe eine unbedingt verpflichtende Handlung.
In der Taufe Erwachsener wird diese doppelte Bedeutung der Heiligen Taufe besonders deutlich: die bedingungslose Gnade Gottes zu uns Menschen und das Bekenntnis zu Jesus Christus als meinem Herrn.
(Zwei Konfirmanden nehmen nun Krug und Taufschale. Das Wasser wird in das Taufbecken gegossen und dabei gesprochen:)
Das sichtbare Zeichen der Heiligen Taufe ist das Wasser. Wasser ist das Element des Lebens. Alles lebt vom Wasser: Pflanzen, Tiere, Menschen. Ohne Wasser kann nichts wachsen.
Wasser kann auch zur tödlichen Gefahr werden. Die Meereswellen sind stark. Sie können mit ihrer unheimlichen Wucht alles unter sich begraben und ganze Landstriche vernichten.
Früher hat man bei der Heiligen Taufe den ganzen Menschen unter Wasser getaucht. Es ist ein Bild für das Sterben und wieder Lebendigwerden.
So wie ein Mensch ins Wasser getaucht wird, so wird er im Leid, in der Sünde und im Tod untergehen. Und so wie das Kind wieder aus dem Wasser herausgehoben wird, so wird es dem todbringenden Element entrissen.
Das Herausheben ist das wichtigste dabei. Es ist ein Gleichnis für die Rettung.
Wasser macht rein. Ein Bad erfrischt und belebt. Man kommt wie neu geboren da heraus. Deshalb nennt der Apostel die Heilige Taufe auch: Bad der Wiedergeburt und Erneuerung. Durch die Vergebung wird die alte Schuld abgewaschen.
Zum sichtbaren Zeichen des Wassers hinzu kommt noch das gesprochene Wort.
In der Heiligen Taufe empfange ich den Namen des dreieinigen Gottes. Ich bin getauft auf den Namen Gottes, des Vaters. Ich kann mich darauf verlassen: Gott liebt mich wie ein Vater sein Kind.
Ich bin getauft auf den Namen des Sohnes. So wie mich Wasser äußerlich rein macht, habe ich durch Jesu Tod die Gewißheit, daß Gott auch mich immer wieder durch die Vergebung von aller Schuld rein macht.
Ich bin getauft auf den Namen des Heiligen Geistes. Gottes Geist gibt mir Mut und Kraft für mein Leben, bis mir einst Gott neues Leben in seiner ewigen Welt gibt.
Die Taufe sagt mir: 1. Gott liebt mich.
2. Ich trage seinen Namen.
3. Mit allen Getauften und an Jesus Christus glaubenden Menschen gehöre ich mit zur Familie der Kinder Gottes. Ich bin eingeladen, in der Gemeinschaft mit anderen Gottes Willen in meinem Leben zu tun und ein sinnvolles, erfülltes Leben zu führen.

Die Taufhandlung wurde im Konfirmationsgottesdienst anstelle der »Einsegnung« vorgenommen. Den von einer Konfirmandengruppe mit erarbeiteten Text (nach Vorlagen) haben die Konfirmanden in den angedeuteten Abschnitten selbst vorgetragen.

Hans Fauser

Gottesdienst zur Taufe von Konfirmanden

Verteilen der Liedblätter
Verteilen der Fläschchen mit Taufwasser
Orgelvorspiel
Begrüßung

1: Lasset uns beten!
2: Herr, unser Gott! Du kennst uns genau. Du liebst uns und blickst zu uns hin, wo wir auch sind.
1: Was ich auch denke, erkennst du, wohin ich auch gehe, was ich auch tue, du weißt darüber Bescheid.
2: Vor dir können wir uns nicht verstecken, nicht auf der Erde, nicht unter der Erde und auch nicht im Weltall – überall bist du uns nah.
1: Und wenn wir verzweifeln und sagen: Alles ist finster, überall nur Dunkel – so ist die Finsternis nicht finster bei dir, und deine Liebe gibt uns Licht.
2: Wie sollen wir das erfassen können? Wie sollen wir das begreifen? Unser Verstand ist zu klein dazu. Doch laß uns dich spüren, deiner Liebe trauen. Amen

Vorstellung der zu taufenden Konfirmanden.
Die Jungen stellt vor:...
Die Mädchen stellt vor:...

Lied 341,1-3

3: Üblich ist es bei uns, daß man als Säugling getauft wird.
4: Üblich ist das – ja – aber: ist es auch normal?
3: Selten werden Erwachsene getauft oder Jugendliche. Das ist nicht üblich.
4: Ja, das ist nicht üblich – aber ist es deswegen unnormal?
5: Wir haben uns im Konfirmandenunterricht mit der Taufe beschäftigt. Dabei sind wir auch auf das Thema »Taufe von Großen – das ist komisch« gekommen. Wir meinen, daß sehr viele noch Vorurteile haben oder anfangen zu lachen, wenn sie hören, daß ein »Großer« getauft werden soll, so wie wir das heute tun.
6: Wir meinen, daß viele keine Vorstellung davon haben, was es heißt, nicht als Baby, sondern als Jugendlicher getauft zu werden. Deshalb wollen wir eine kleine Sprechszene aufführen. Es ist ein Gespräch, das eigentlich überall pas-

sieren kann:
7: Eh, wißt ihr schon das Neuste?
8: Nee, was gibts denn?
7: Dreimal dürft ihr raten! – Ihr kennt doch den Kai aus der Nachbarstraße. Der wird am Sonntag getauft, der und noch drei andere!
9: Das glaubste doch selber nicht! Der ist doch schon 15!
7: Doch, Mensch, das ist wahr. Hat mir der Pastor selbst erzählt!
10: Was, der Kai?? Mann, stell dir das doch mal vor. Der im Taufkleid!
8: Wieso Taufkleid? – Der trägt doch kein Taufkleid!
10: Klar! Alle Täuflinge tragen doch 'n Taufkleid!
8: Quatsch! Babys haben Taufkleider bei der Taufe an, aber doch nicht die Größeren! Außerdem: ich finde es gut, wenn man erst getauft wird, wenn man älter ist.
9: Ja, du! Hättest du etwa Lust, mit 15 getauft zu werden. Wie soll der Pate den Kai denn auf dem Arm halten?
8: Hör doch auf, so einen Unsinn zu reden! Der kann ja wohl selber gehen, anders als die Babies, die getragen werden müssen. – Ob mir das gefallen würde, Taufe mit 15? Vielleicht. Ich habe mir darüber noch keine Gedanken gemacht. Aber ich glaube schon. Guck mal, da kannste doch dann auch selbst entscheiden, ob du den Glauben annehmen willst oder nicht.
7: Wenn ich mir das so überlege, dann hast du recht. Meine Eltern haben mich als Baby taufen lassen, ich konnte mir nicht aussuchen, ob ich das wollte oder nicht. Das haben die für mich gemacht.
10: Klar! Stell dir mal vor, du erlebst deine ganze Taufe mit. Das muß doch echt 'n Erlebnis sein. Ich weiß überhaupt nichts von meiner Taufe!
9: Du hast recht. Erst hab' ich ja darüber gelacht, aber wenn ich darüber nachdenke ... das ist gar nicht so schlecht, erst mit 15 Taufe. Eben nur anders. (Allerdings: was heißt das eigentlich, sich taufen lassen. Nur so mal Wasser übern Kopf ... das muß doch noch mehr bedeuten, oder?)
11: Wir haben einmal die Eltern von kleinen Kindern gefragt: Warum haben Sie Ihre Kinder als Babys taufen lassen? Folgende Antworten haben wir bekommen:
12: Von einem bestimmten Alter an stellen die Kinder Fragen nach Gott, dem Glauben und nach der Taufe, dann ist es besser, wenn sie schon getauft sind.
13: Wir haben unser Kind taufen lassen, weil wir es so wollten und weil es die Verwandtschaft erwartete.
12: Da wir ein paar schöne Taufen hier miterlebt haben, ließen wir auch unser Kind taufen.
13: Wir haben unser Kind taufen lassen, weil wir selbst an Gott glauben und möchten, daß auch unser Kind an Gott glaubt.
13: Weil es so üblich ist. Wenn das Kind später nicht mit dem Glauben einverstanden ist, kann es ja immer noch austreten.

11: Am überzeugendsten finden wir das Argument, daß man seine Kinder taufen läßt, weil man selbst an Gott glaubt und möchte, daß die eigenen Kinder diesen Glauben teilen.
14: Wir haben die Eltern von Konfirmanden-Täuflingen gefragt, warum ihre Kinder erst als Jugendliche getauft werden. Wir erhielten folgende Antworten:
15: Wir wollten, daß das Kind darüber entscheiden kann, ob es wirklich den Glauben der Eltern annehmen will.
16: Eigentlich sollte unser Sohn schon als Baby getauft werden, und es war eigentlich schon alles geregelt, da trat der Taufpate aus der Kirche aus. So ist die Taufe bis jetzt unterblieben.
15: Wir wollten unserm Kind auf keinen Fall einen Glauben aufzwingen, darum sollte es selbst entscheiden, ob es getauft werden will.
14: Uns hat am meisten das Argument überzeugt, daß man als Jugendlicher selbst entscheiden kann, ob man zur christlichen Gemeinde gehören will oder nicht.
11: Sie sehen, es gibt Gründe für beides: für die Taufe von Babys und für die Taufe von Großen. Wir meinen: jeder sollte da nach seiner Überzeugung handeln. Beides ist möglich, und beides ist gut. Und wer es immer noch lächerlich findet, daß nun Große getauft werden, der bedenke: Auch Jesus wurde als Erwachsener getauft, bei den ersten Christen war die Taufe von Erwachsenen die Regel.

17: Herr unser Gott! Wir bekennen dir: wir sind oft gedankenlos und lachen über das, was uns fremd vorkommt. Das ist schlecht. Darum bitten wir dich:
alle: Herr, erbarme dich ... (gesungen)
18: Wir bekennen dir: Wir hängen zu sehr am Äußeren. Schön soll die Taufe sein. Aber welchen Sinn sie hat, ist uns oft egal. Das ist schlecht. Darum bitten wir dich:
alle: Herr erbarme dich ... (gesungen)
17: Bei der Taufe hast du uns deine Liebe geschenkt. Aber wir enttäuschen dich oft, deine Liebe ist uns egal. Das ist schlecht, und darum bitten wir dich:
alle: Herr erbarme Dich ... (gesungen)
18: Eine Gemeinde sind wir, und doch ist uns oft der Mensch neben uns gleichgültig. Das ist schlecht. Und darum bitten wir dich:
alle: Herr, erbarme dich ... (gesungen)

1: Was bedeutet die Taufe eigentlich?
2: Nun, die Taufe bedeutet nicht, daß man durch sie geschützt ist vor Krankheiten oder Unfällen.
1: Die Taufe bedeutet vielmehr: Gott macht seine Liebe deutlich.
2: Die Taufe bedeutet nicht, daß man einen Namen bekommt.

1: Die Taufe bedeutet aber: ich gehöre niemandem anders als nur Gott allein.
1: Die Taufe bedeutet nicht, daß man sich als was ganz Besonderes fühlen kann.
2: Die Taufe bedeutet, daß ich dazu gehöre, in die christliche Gemeinde aufgenommen bin.

Pastor zu den Täuflingen: Weil dies so ist, weil man durch die Taufe in die Gemeinde aufgenommen wird, bitte ich euch, daß ihr euch der Gemeinde vorstellt: (Die Täuflinge nennen ihren Namen, ihr Alter und ihren Wohnort und sagen: *»Ich möchte zur christlichen Gemeinde gehören«).*
P: Wir freuen uns über euren Wunsch und sind gern bereit, euch in unsere Gemeinde aufzunehmen. Als ein Zeichen dafür hört nun ein paar Segenswünsche für euch: ...
3: Wenn wir nun gleich diese Jugendlichen taufen, dann tun wir das, weil Jesus Christus dies befohlen hat.
4: Denn der auferstandene Christus sagte zu seinen Jüngern: »Mir ist im Himmel und auf Erden alle Macht gegeben. Darum gehet hin in die ganze Welt und macht alle Völker zu meinen Jüngern und taufet sie auf den Namen des Vaters und des Sohnes und des Hl. Geistes und lehret sie all das halten, was ich euch befohlen habe. Und siehe, ich bin bei euch alle Tage bis ans Ende der Welt.«
P: Zur Taufe gehört der Glaube. Der Glaube fängt nicht mit uns an, und er hört nicht an den Grenzen unserer Gemeinde auf. Darum bitte ich euch, mit der ganzen Gemeinde zusammen so unseren Glauben zu bekennen, wie dies unsere Väter getan haben und wie es alle Christen auf der Welt tun:

Glaubensbekenntnis
P: Und nun frage ich euch ganz persönlich: Glaubt ihr an Gott, dem wir und das ganze Weltall das Dasein verdanken?
Täuflinge: Ja
P: Glaubt ihr daran, daß Gott uns sein Wesen in Jesus Christus gezeigt hat und uns durch ihn von der Schuld befreit hat?
Täuflinge: Ja
P: Glaubt ihr daran, daß Gott unsichtbar mitten unter uns ist und seine Kraft unter uns, an uns und durch uns wirkt?
Täuflinge: Ja
P: Versprecht ihr, eurem Glauben entsprechend zu leben, euch für Liebe und Gerechtigkeit einzusetzen und diese in unserer Gemeinde zu fördern?
Täuflinge: Ja, mit Gottes Hilfe!
P: Wir haben gehört, was die Täuflinge gesagt haben. Wir können sie nun taufen. Aber dazu fehlt uns das Wasser. Jeder von Ihnen hat am Eingang ein Fläschchen mit ein wenig Taufwasser bekommen. Ich bitte Sie, nun nach vorn zu kommen und dies Wasser in unsere Taufschale zu schütten. Wir fangen

dort hinten an und bitten Sie, alle dazu mitzuhelfen, daß wir diese Jugendlichen nun taufen können. Während wir das Taufwasser bringen, singen wir das Lied: *Gott liebt diese Welt 1-5*

5: Was bedeutet eigentlich das Taufwasser, das die ganze Gemeinde nun nach vorn gebracht hat?

6: Wasser ist beides: eine lebenserhaltende Macht und eine lebensbedrohende Macht: ohne Wasser gibt es kein Leben. Wasser ist aber auch eine Naturgewalt, gegen die wir nichts ausrichten können.

5: Von diesem Positiven und diesem Negativen her muß das Wasser bei der Taufe verstanden werden.

Die Gemeinschaft mit Jesus, die uns bei der Taufe geschenkt wird, möchte uns – wie das Wasser – Lebensmöglichkeiten schenken, die über unsere eigenen Möglichkeiten weit hinaus gehen, soll uns diese Gemeinschaft – wie das Wasser – von allem befreien, was unser Leben beschmutzt.

6: Zugleich aber zeigt das Wasser an, wie wir immer bedroht sind von feindlichen Mächten, vor allem von dem Tod. Ihm können wir so wenig entrinnen, wie wir dem über den Kopf rinnenden Wasser bei der Taufe entrinnen können.

5: Aber die Taufe zeigt uns, daß wir aus der Macht des Todes und aller anderen Mächte gerettet werden durch Jesus Christus, so wie wir aus dem Wasser gerettet und herausgeholt werden.

7: Zur Taufe gehört der Taufspruch. Unsere Konfirmandengruppe hat für die Taufe Taufsprüche ausgesucht. Sie finden diese auf dem Liedzettel. Jeder unserer Täuflinge hat sich 3 Sprüche ausgesucht, die ihm besonders gefallen. Aber wir denken: die Auswahl aus diesen dreien, die sollen Sie treffen.

P: Wir werden jetzt immer die 3 Sprüche vorlesen, die sich jeder Täufling ausgesucht hat. Wenn Sie meinen: dieser Spruch ist besonders gut, vielleicht besonders passend für diesen Jugendlichen oder eine besondere Hilfe, dann stehen Sie auf. Der Spruch, der von den meisten von Ihnen gewählt wurde, wird dann der Taufspruch für diesen Täufling.

8: Kai L. hat sich folgende Sprüche ausgesucht:

1) (extra Blatt). Wer für diesen Spruch als Taufspruch ist, stehe bitte auf

2) (extra Blatt)

3) (extra Blatt)

9: R. L. hat sich folgende Sprüche ausgesucht ...

10: *Taufe*

11: Wir wollen für die Getauften beten.

12: Gott, wir bitten dich für die Getauften. Laß sie die Entscheidung, die sie getroffen haben, ernst nehmen, laß sie ernsthaft versuchen, als Christen in dieser Welt zu leben.

13: Gib, daß ihnen immer wieder Menschen gegegnen, die ihnen beistehen, laß sie deine Liebe spüren, damit sie auch ihren Mitmenschen mit Liebe begegnen.
14: Laß uns erkennen, daß wir für sie Verantwortung tragen, sie in Schwierigkeiten nicht allein lassen und ihnen so deine Liebe zu ihnen glaubhaft bezeugen.
Lied: 152, 1-3
Bekanntmachungen
Lied (Kanon): Vater unser im Himmel

15: Wir wollen beten!
16: Herr unser Gott!
Laß uns zu Helfern deines Friedens werden:
15: daß wir Liebe wagen, wo man sich haßt;
daß wir verzeihen, wo man sich beleidigt;
daß wir schlichten, wo Streit ist;
16: daß wir die Wahrheit sagen, wo der Irrtum herrscht;
daß wir Hoffnung wecken, wo Verzweiflung quält;
daß wir ein Licht anzünden, wo Finsternis regiert;
daß wir Freude bringen, wo der Kummer wohnt.
17: Gott, laß uns das Geheimnis deines Friedens erfahren:
daß wir getröstet werden, wenn wir trösten;
daß wir verstanden werden, wenn wir verstehen;
daß wir geliebt werden, wenn wir lieben.
15: Denn wer hingibt, der empfängt;
wer sich selbst vergißt, der findet;
wer verzeiht, dem wird verziehen;
und wer stirbt, erwacht zum ewigen Leben. Amen
P: Segen
Nachspiel

Helmut Siegel

Gottesdienst zur Taufe von Konfirmanden

15 Minuten vor dem Taufgottesdienst Ansingen der Lieder

Lied: z. B. 152,1-4 215,1-2 96,1,6,10 249,1-3 250,1-3

Eingangswort: Mt. 28,18ff., Mk. 16,16

Gebet:
(Taufagende der Pfälzischen Landeskirche, S. 77:) »Allmächtiger, barmherziger Gott, in dein Reich kann nur kommen, der wiedergeboren ist aus Wasser und Geist. Darum schenke diesen jungen Leuten deinen Geist, erfülle an ihnen deine Verheißungen, daß sie im Wasser der Taufe mit Christus sterben, mit ihm begraben und mit ihm zu einem neuen Leben erweckt werden durch Jesus Christus, unseren Herrn. Amen.
oder: Gebet formuliert zum Thema der Predigt
oder: Gebet der Taufbewerber, im Wechsel

Schriftworte:
Mt. 13,24-30 Unkraut unter dem Weizen
Mt. 13,31+32 Senfkorn
Mt. 3,13-17 Taufe Jesu
Die jungen Leute bekennen den Glauben mit Worten der Heiligen Schrift oder mit eigenen Worten

Apostolisches Glaubensbekenntnis
Predigt über Hebräer 13,8
schließend mit Worten von Presbytern der Gemeinde und Angehörigen der Täuflinge über die Bedeutung von Glaube und Taufe in ihrem Leben

Lied: Ich möcht, daß einer mit mir geht (Neue geistliche Lieder, Verlag Bosse, Regensburg)

Taufakt:
»Und nun frage ich dich: Willst du getauft werden, so antworte: Ja«
Der Täufling antwortet: Ja
»Ich taufe dich im Namen des Vaters und des Sohnes und des Heiligen Geistes«
(Die rechte Hand auf das Haupt des Täuflings legend):
»Der allmächtige Gott und Vater unseres Herrn Jesus Christus, der dich durch Wasser und Heiligen Geist wiedergeboren hat und dir alle deine Sünden vergibt, der stärke dich mit seiner Gnade zum ewigen Leben. Friede sei mit dir. Amen.«
oder:
»Gott, Vater, Sohn und Heiliger Geist gebe dir seine Gnade, Schutz und Schirm vor allem Argen, Stärke und Hilfe zu allem Guten, um des Verdienstes unseres einigen Erlösers Jesu Christi willen! Amen.«

Gebet:
Allmächtiger, barmherziger Gott, wir danken dir, daß du deine Kirche erbaut

hast auf dem Grund der Apostel und Propheten, da Jesus Christus der Eckstein ist. Du hast unsere jungen Leute als lebendige Steine in sie eingefügt, bewahre sie und alle, die auf deinen Namen getauft sind; sie sind aus der Macht des Todes errettet zur Auferstehung des ewigen Lebens. Amen.
oder: Gebet zum spezifischen Anliegen des Taufgottesdienstes
oder: Gebet der Täuflinge

Vaterunser

Lied: z. B. 152,5+6 215,1+2 96,1,6,10 249,4+5 250,7+13 274 306 (bei hart vom Leben Geprüften)

Segen

Predigt:
Jesus Christus, gestern und heute und derselbe auch in Ewigkeit. (Hebr. 13,8)
Liebe Taufbewerber, liebe Mitchristen, vier junge Menschen tauchen in das großartige weite und tiefe Christusgeschehen. Durch die Taufe gliedern sie ihr Leben ein in den sichtbaren Leib des gestern, heute und in Zukunft gleichen Herrn. So wie er war, so ist er heute, und so wird er sein. Auch wenn es uns als Menschen versagt ist, in die Ewigkeit zurück oder voraus zu schauen, so sind wir dennoch froh: denn wir können aus den Evangelien erkennen, wie Jesus war, und dürfen aus diesem vertrauenden Erkennen auf unser Heute und Morgen schließen.
Die Taufe verbindet uns mit Jesus, der selbst zur Taufe kam. Überrascht, fast erschrocken, wehrte der Täufer Johannes ab: Eigentlich müßtest Du mich taufen und nicht ich Dich.
Doch Jesus reiht sich bewußt in die Kette der Menschen – vor Gott – ein. Mensch will er sein wie die anderen auch, und doch ist er anders, ist er mehr: Beim Empfangen des Hl. Geistes, der auch uns in der Taufe zugesagt ist, öffnet sich die Welt Gottes, und die Stimme spricht:
»Das ist mein lieber Sohn,
an dem ich Wohlgefallen habe.«
Echtes Menschsein und dabei doch auch ein Anders-Sein leuchten aus Jesu Worten und Taten. Mit ihm ist die Königsherrschaft Gottes angebrochen und zu einem wichtigen Höhepunkt gelangt. Zwischen Krippe und Kreuz erfüllt sich, was bei Lukas so ausgedrückt ist: (4,18.19) »Der Geist des Herrn ruht auf mir, weil er mich gesalbt hat; er hat mich gesandt, den Armen frohe Botschaft zu bringen, den Gefangenen Befreiung zu verkündigen und den Blinden das Augenlicht, die Zerschlagenen zu befreien und zu entlassen, ein angenehmes Jahr des Herrn zu verkündigen.«
Dankbar sind viele Menschen für diese Gaben gewesen, die neue Lebensmög-

lichkeiten gewährten. Sie konnten und durften wieder anerkannte Glieder ihrer Lebens-Gemeinschaft sein. Nicht mehr ausgeschlossen zu sein, dazuzugehören, das gibt Menschenwürde und Lebensfreude. Wir können mit dem Zollchef Zachäus fühlen. Er freut sich zu Recht; denn ihm und seiner Familie ist Heil widerfahren. Vom Baum herunter hatte Jesus ihn gerufen, er war mit ins Haus gegangen, hatte sich an den Tisch Ausgestoßener gesetzt, auch auf die Gefahr hin, deswegen selbst verachtet und gemieden zu werden. (Lk. 19,1-10)
Nicht herrschen wollte Jesus. Zum Dienen und Lieben ist er gekommen. Menschliche Ambitionen um einen Sonder- und Ehrenplatz im Himmel, und sei der Wunsch noch so verständlich als bittendes Hoffen einer Mutter für ihre Kinder – Jesus schiebt dies beiseite mit den Worten:
»Ihr wisset: die Fürsten halten ihre Völker nieder, und die Mächtigen tun ihnen Gewalt. So soll es nicht sein unter euch; sondern wer groß sein will unter euch, der sei euer Diener; und wer der Erste sein will unter euch, sei euer Knecht; gleichwie des Menschen Sohn ist nicht gekommen, daß er sich dienen lasse, sondern daß er diene und gebe sein Leben zu einer Erlösung für viele.« (Mt. 20,25-28) Was so mit Worten angekündigt war, wurde bittere Wirklichkeit: Gottes lieber Sohn hing am Kreuz. In solchen Tiefen von Verrat, Mißgunst, Hohn und menschlicher Anmaßung, Gottes Richter und Henker sein zu wollen, erreichte die Gottesherrschaft ihren Höhepunkt:
Für die abgrundtiefe Menschenschuld sühnte der oben am Kreuzesbalken Hängende: »Vater, vergib ihnen, denn sie wissen nicht, was sie tun«, Vergebung, wo eigentlich alles nach Vergeltung schreit.
Aber so war er eben, dieser großartige Mensch, aus dessen Menschsein sich erahnen läßt, daß er mehr, daß er anders ist als andere Menschen; das drückt euer Taufspruch, liebe NN, liebe NN, lieber NN, lieber NN, mit der immerwährenden, ewigen Gleichheit aus:
»Jesus Christus gestern und heute und derselbe auch in Ewigkeit.«
Geburt und Tod sind für ihn nicht Anfang und Ende, Grenzpunkte, im Gegenteil, sie sind Wendemarken. Der Gekreuzigte lebt. Jede Taufe ist ein Zeichen für seine Lebendigkeit, denn mit der Taufe vertrauen sich Menschen ihm an. Es ist, als wollten sie sagen: »Laß uns eintauchen in dein Wesen, schenke uns von deinem Geist, laß uns in deine Fußstapfen treten, dir vertrauen wir uns an, auch und gerade, wenn wir uns mit dir auseinandersetzen.«
Bei der Kindertaufe bitten Eltern, Paten und Gemeinde um dieses göttliche Geschenk für ihre noch nicht mündigen Glieder ihrer Lebensgemeinschaft.
Heute, liebe Taufbewerber, kommt ihr als Mündige zur Taufe. Wir freuen uns darüber, denn zum Glauben und Hoffen der Gemeinde tritt euer eigenes Begehren: ›Ich möchte zu Jesus gehören, ich möchte Glied der Kirche werden.‹ Daran, daß Mütter und Väter und verantwortliche Glieder unserer Gemeinde bei eurer Taufe dabei sind, könnt ihr sehen, daß ihr nicht im luftleeren Raum euer Leben führen müßt. Hier sind liebende Menschen, die euch begleitet haben und

weiter begleiten möchten. Was als Tradition oft mißachtet wird,

– »die lassen sich ja nur taufen, weil es alle tun«
– »die gehen zur Konfirmation nur wegen des Festes«

trägt aber auch menschliche Gemeinschaft. Da gibt es Gott sei Dank Gewohnheiten, Bräuche und Feste, die einen äußeren Rahmen für unser Leben schaffen. Ein solches Fest feiern wir heute, eure Taufe.

Die Feier ist mehr als ein äußeres Geschehen. Für euch gilt das Wort aus dem Hebräerbrief:

Jesus Christus gestern und heute und derselbe auch in Ewigkeit.

Jesus war in den vergangenen Jahren mit euch, ist heute unter, zwischen und in euch und will mit seinem Geist euch begleiten in den Tagen und Jahren von heute an. Euer Glaube kann wachsen. Das Vertrauen darf und soll so groß werden wie ein Baum, wenn es möglicherweise noch so klein wie ein Saatkorn ist.

Und noch eins darf euch zugesagt werden. Jesus ist so langmütig und großmütig wie der Gutsherr, der das Unkraut bis zur Ernte mitwachsen läßt. Mag sich manches in eurem Leben abspielen, das eigentlich vor Gott nicht bestehen kann, Gottes Vergebung ist groß; mag sich der Unglaube und das Mißtrauen breit machen in gewissen Zeiten, letztendlich wird der Glaube und das Vertrauen angerechnet werden.

ER selbst wird Ernte halten und die Spreu vom Weizen trennen. Eben DER, der so langmütig und doch so klar bestimmend ist, Jesus, gibt euch, wie allen Glaubenden und Getauften, die Zusage:

»Ich bin bei euch alle Tage bis an der Welt Ende.« Auf das Vergangene können wir zurückblicken, im Heute feiern wir, weil wir in der Gemeinschaft der Liebe mit Gott und den Menschen leben dürfen. Das Morgen, die Zukunft, liegt noch vor euch. Es ist noch offen, was alles in eurem Leben geschehen wird. Amen.

Es wäre gut, wenn Menschen, die auf eine längere Erfahrung mit Jesus zurückblicken, euch sagten, was ihnen die Taufe bedeutet hat.

Eltern und Presbyter geben Antworten auf die Frage: Was haben mir Glaube und Taufe bedeutet?

Die Taufbewerber bitten um Jesu Weggeleit: »Ich möcht', daß einer mit mir geht«, Vers 1, 2, 3 und 4 im Wechsel gesprochen.

Die Gemeinde nimmt das Anliegen auf.

Alle singen das Lied.

August Friedrich Kleppel

Predigt zur Taufe von Konfirmanden

Liebe Gemeinde und vor allem: liebe Täuflinge! Manchem von uns mag es fremd vorkommen: die, die wir heute taufen, sind keine kleinen Kinder mehr, wie wir es sonst gewohnt sind. Ich weiß, daß es auch manchem von euch, liebe Täuflinge, schwerfiel, eure Eltern erst vor dem Gedanken zurückschreckten, euch heute hier vor der Gemeinde im Gottesdienst taufen zu lassen.
Wir alle müssen uns wieder daran gewöhnen, was in der ersten Christenheit ganz selbstverständlich war: daß die Täuflinge selbst zur Taufe gingen und nicht getragen wurden, selbst »Ja« zum Angebot der Liebe Gottes sagten und nicht andere stellvertretend für sie antworteten.
Es ist für euch, die ihr euch heute taufen laßt, ja nicht leichter als für die Säuglinge, sondern schwerer. Ihr habt schon so eure Erfahrungen gemacht: daß nicht alle Menschen von Gott etwas wissen wollen, daß es nicht immer leicht ist, an die Liebe Gottes zu glauben, wenn man sich die Welt ansieht.
Und ihr habt auch schon davon eine Ahnung, was es heißt, heute zu sagen: Ja, ich will zu Jesus Christus gehören. Daß das nicht bedeutet, ein angenehmes, leichtes Leben zu haben. Ja, noch nicht einmal ein glückliches Leben garantiert euch Jesus Christus. Was er aber seinen Nachfolgern verspricht, ist ein Leben, dessen Sinn einsichtig wird und das eine Mitte hat so wie ein Rad eine Nabe, um die es sich dreht: und diese Mitte ist Gott und seine Liebe.
Es wird nicht an Stimmen fehlen, die euch sagen werden, der ganze christliche Glaube sei Mumpitz, und ihr werdet diese Stimmen nicht immer abwehren können, vielleicht sogar ihnen nachfolgen. Doch Gott zieht sein Angebot, daß er euch heute macht, niemals zurück, das Angebot, bei ihm und mit ihm Sinn und Erfüllung des Lebens zu finden.
Wenn ihr auch in der St. Jakobus-Gemeinde getauft werdet, so werdet ihr heute doch nicht Glied einer Gemeinde, die so ist, wie sie Jakobus haben wollte: eine Gemeinde, in der einer für den andern betet. Eins aber erfahrt ihr, ihr gehört nun ganz und gar zu Leuten, die versuchen, Gott und sein Wort ernst zu nehmen, und die heute Gott für euch bitten.
Ich wünsche euch, daß ihr in dieser Gemeinde immer jemanden habt, der für euch betet. Selbst das kann ich euch nicht versprechen. Aber ich kann euch versprechen: der Herr, zu dem ihr euch heute bekennt, der wird für euch dasein und vor Gott für euch eintreten, was ihr auch tun werdet. Schon allein, daß er dies tut, lohnt, zu diesem Herrn zu gehören.

Helmut Siegel

Gottesdienst zur Taufe eines Erwachsenen

Text: ausgewählte Abschnitte aus dem Philipperbrief

Im Namen des Vaters ...

Eingangsspruch:
Herr, hilf uns tun, wie es dir gefällt.
Du bist unser Gott.
Dein guter Geist führe uns auf ebener Bahn.

Eingangsgebet:
Vater im Himmel,
du bist schon ein weites Stück Weg mit uns gegangen,
manchmal, ohne daß wir dich gesehen haben,
dann wieder haben wir deine Nähe geahnt,
dich selbst gespürt.
Manchmal haben wir deine Liebe, dein Verzeihen,
dein Aufmuntern
durch die Zuwendung anderer Menschen erfahren,
haben begriffen:
Das ist Geist von deinem Geist,
Wort von deinem Wort,
Herzlichkeit von deiner Liebe. –
Wir sind noch nicht am Ziel,
wir sind noch unterwegs,
wir leben noch im Glauben und nicht im Schauen.
Dennoch wollen wir zu dir gehören,
wollen Ja zu dir sagen,
wollen dir danken, daß du unser Vater sein willst,
wollen bekennen, was du Großes an uns getan hast.
So nimm uns an in der Taufe,
beschenke uns mit deinem Geist,
besiegle in der Taufe, daß wir deine Söhne und Erben
sein sollen.
Vergewissere uns deiner Verheißungen!
Führe uns zum Ziel!
Amen

Lesung: Philipper 3,7-16 und 4,4-7 (in Auswahl)

Ansprache:
Lieber Herr R., liebe Familie R.,
Auch für mich ist dieser Taufgottesdienst heute abend etwas Besonderes, das mich – wie Sie – persönlich berührt. Seit Jahren haben Sie mit Ihrer Frau unsere Gottesdienste und die Bibelgesprächsabende besucht. Und Ihr Dabeisein, Ihre Beiträge bei den Gesprächsabenden, waren für mich ein Geschenk – und eine Herausforderung!
Irgendwann einmal in dieser Zeit – und ich bin froh darüber – hat es sich als Frucht unserer Gespräche fast selbstverständlich ergeben, daß Sie – anders als es der »Normalfall« unserer Kirchenordnung vorsieht – schon vor der Taufe und Aufnahme in die Kirche an den Abendmahlsfeiern unserer Gemeinde teilgenommen haben. Ich könnte das, was ich bei all dem empfinde, in ähnliche Worte kleiden wie Paulus in dem Brief, den Sie besonders schätzen:
»Wenn ich an euch denke, dann kann ich Gott nur danken für die Gemeinschaft am Evangelium und bin ganz zuversichtlich: Der, der mit euch einen guten Anfang gemacht hat, der wird es auch zum Ziel bringen.« (Phil. 1,3-6)
Mancher wird möglicherweise im Hinblick auf Ihren Taufentschluß denken: »Herr R. wird älter – und vielleicht ein bißchen sentimental ... es hätte doch auch weitergehen können wie bisher!« – Umgekehrt könnte man Ihren Wunsch allerdings auch als Zeichen geradezu jugendlicher Entschlußfreudigkeit interpretieren! So oder so – es wird für Sie selbst und für andre immer ein unerklärbarer Rest übrig bleiben.
Wie immer das zugegangen ist – Sie haben sich zu diesem Schritt entschlossen nach einem langen Weg gemeinsam mit Ihrer Frau!
Eine Strohfeuerbegeisterung wird es kaum sein, denn Sie haben nicht nur begeisternde Gottesdienste und lebendige Bibelgespräche erlebt, sondern auch die geistliche Dürftigkeit von uns europäischen Christusjüngern, unsere Langweiligkeit, gegen die sich Gottes Kraft, Feuer und Fülle nur mühsam durchsetzen kann.
Dennoch sagen Sie Ja zum Glauben, zur Taufe und zur Gemeinschaft dieser dürftigen Christen. Sie sind bereit, an ihrer Unvollkommenheit teilzuhaben. So verstehe ich Ihre Wahl des Taufspruchs:
»Nicht, daß ich's schon ergriffen habe oder schon vollkommen sei – ich bin noch unterwegs, längst nicht am Ziel, aber Christus hat mich und soll mich nicht loslassen. Denn davon hängt ab, ob mein Leben Sinn und Mitte hat oder ziellos und belanglos bleibt.
Weil Gott mit dem Innersten meines Lebens zu tun hat, möchte ich nicht verlieren, was mich da angerührt und ergriffen hat.
Ich will zu ihm gehören; durch die Taufe soll mein Leben mit seinem verknüpft sein.
Ich bin noch unterwegs, aber ich will den eingeschlagenen Weg weitergehen, und er soll mich zum Ziel bringen – er wird das Ziel selber sein. Mein Leben soll

von der freundlichen Gelassenheit derer geprägt sein, die wissen: Er ist mir nah, die letzte Sorge um mich selbst ist mir abgenommen; er gibt mir letzte Sicherheit und eine Ruhe, die höher ist als alle Vernünftigkeit und intellektuelle Klugheit.«
– Und wir wollen – so wie wir es vorhin mit Worten des Paulus hörten – ganz zuversichtlich sein, »daß der, der in Ihnen das gute Werk angefangen hat, es zum Ziele bringt, bis an den Tag Jesu Christi«.

Orgelspiel

Tauffrage:
Lieber Herr R.,
Sie haben Gottes Wort und Verheißung immer wieder gehört, nun frage ich Sie noch einmal: Wollen Sie getauft werden, so sprechen Sie: JA.

Pfarrer:
So bekennen Sie Ihren Glauben mit den Worten des Taufspruchs, den Sie sich ausgesucht haben!

Herr R.:
»Nicht, daß ich es schon ergriffen hätte oder gar vollkommen sei, ich setze aber alles dran, es zu ergreifen, nachdem ich von Jesus Christus ergriffen bin.« (Phil. 3,12)

Taufe:
(schließt ab mit:)
Freu dich in dem Herrn allewege
und noch einmal: freu dich!
Laß andre deine Güte erfahren!
Der Herr ist nahe.
Sorge nicht,
sondern, worum du zu bitten hast,
das laß in Gebet, Fürbitte und Dank vor Gott kommen.
Und der Friede Christi, der höher ist als alle
Vernunft, halte die Wacht über dein Herz und
dein Denken! Amen. (Phil. 4,4-7)

Orgelspiel

Gebet:
Vater im Himmel,
Hab Dank, daß du mit der Taufe deine Verheißungen besiegelst und uns mit dei-

nem Geist beschenkst. Laß unser Vertrauen, das wir in dich setzen, nicht zerrinnen.
Schenke unserm Glauben immer wieder beglückende Begegnungen und gute Erfahrungen mit dir. Und laß etwas von dem Geist, mit dem du uns beschenkst, ausstrahlen in das Leben anderer.
(Stilles Gebet)
Vaterunser ...

Segen

Klaus Zillessen

Besondere Fälle

Taufe Behinderter: Euer Kind hat einen Engel

Text: Matthäus 18,10

»Kinder sind eine Gabe Gottes«, so steht es mehr als einmal in der Bibel. Nicht in der Bibel steht – aber es ist trotzdem wahr –, daß Kinder auch eine Aufgabe Gottes sind.

Jede Gabe ist im Grunde genommen zugleich eine Aufgabe. Jedenfalls ist daran zu erkennen, ob jemand gut und würdig mit einer Gabe umgeht, ob sie ihm zur Aufgabe wird.

So ist also eine Gabe genaugenommen immer beides: beglückendes Geschenk und bedrückende Last, nie nur das eine oder das andere – immer beides.

So ist es auch, liebe Eltern, mit eurer Tochter J.; auch sie ist beides für euch: Gabe Gottes, für die ihr sehr dankbar sein sollt, und Aufgabe Gottes, die euch sehr viel Liebe und Opferbereitschaft abfordert und noch abfordern wird.

Für die Liebe gibt es ja immer zweierlei Motivationen: Man kann jemanden lieben um dessen willen, was einer hat und ist. Und man kann jemanden gerade umgekehrt lieben um dessen willen, was er nicht hat und nicht sein kann. Und diese letztere Form ist sicher die Liebe, die uns Gott am nächsten sein läßt, die uns ihm am ähnlichsten sein und werden läßt. Ist Gott es doch, von dem wir wissen, daß seine besondere Liebe den Kleinen, Schwachen, Armen und Schutzlosen gilt. Wenn also irgendwo, dann dürft ihr euch gerade in der Liebe zu eurer Tochter J. ganz mit Gott eins wissen.

Dieses Wissen, liebe Eltern, soll euch immer wieder daran erinnern, daß ihr in eurer Fürsorge für eure Tochter nie allein steht. Um euch dieses Bewußtsein tief ins Herz zu schreiben, habe ich für J. ein Wort als Taufspruch ausgesucht, das euch davon redet, wie um eurer Tochter willen – ich übertreibe nicht – selbst Kräfte des Himmels bewegt werden.

Beim Anblick eines kleinen Kindes sagte Jesus einmal zu seinen Jüngern: »Sehet zu, daß ihr nicht jemand von diesen Kleinen verachtet. Denn ich sage euch: Ihre Engel im Himmel sehen allezeit das Angesicht meines Vaters im Himmel.«

Euch sagt dieses Wort: Euer Kind hat einen Engel. In jener Welt, aus der J. kam und in die sie einst wieder gehen wird, ist sie nicht vergessen. Ein Angelos – ein Bote Gottes – ist da, der Gott das Lebensschicksal dieses Kindes allezeit vergegenwärtigt. Diesem Kind kann nichts Liebes und nichts Böses geschehen, das nicht seine Resonanz im Himmel fände.

Eine Resonanz im Himmel erwecken, bedeutet aber in jedem Falle, ein sinnvolles Leben führen. Und wenn ihr diesem Leben eure Aufmerksamkeit und eure Liebe schenkt, dann wird auch das seine Resonanz im Himmel finden. Ihr, die

Eltern und Paten, die ihr für J. gleichsam die irdischen Gottesboten, die Engel ohne Flügel seid, wißt, daß ihr in allem, was ihr an ihr und für sie tut, einen himmlischen Verbündeten habt.

Erhard Lerch

Taufe Behinderter: Gott ist seinen Kindern nah

Sie möchten gern, daß dieser Junge getauft wird, und bringen ihn dazu heute hierher. Sie bringen ihn, obwohl er schon selbst laufen und nachher allein an den Taufstein herantreten kann. Aber er wird wohl kaum begreifen, was mit ihm geschehen soll. Und er könnte selbst auch noch nicht sagen, ob ihm das recht wäre. Sie haben für ihn entschieden. Sie bringen ihn. Es geht auf Ihre Verantwortung. Und Sie werden nachher auch Ihr Ja dazu sprechen.

Und ich habe den Eindruck, Ihnen liegt an dieser Taufe vor allem im Blick auf Sie selbst. Sie haben in Ihrem gemeinsamen Leben mit diesem Kind in den vergangenen Jahren manche Angst ausgestanden, Sorgen gehabt und vor allem sich oft gefragt, ob Sie alles richtig machen in der Versorgung und Erziehung, ob Sie auch ja nichts versäumen. Denn das ist sicher: Sie wollen das Beste für Ihren Sohn, Ihren Enkel und Patenjungen. Ihm soll es an nichts fehlen, was Menschen für ihn tun können. Und so haben Sie sich nach einigem Zuwarten dazu entschlossen, ihn in die Kirche zu bringen, daß er gesegnet wird und aufgenommen in die christliche Gemeinde.

Ich freue mich über Ihren Entschluß und darüber, daß Sie ihn gerade in der Adventszeit gefaßt haben, denn in diesen Wochen machen sich die, die zu Jesus Christus gehören, innerlich auf den Weg zum Fest seiner Geburt in Bethlehem. Sie machen sich auf in allen Erdteilen, aus allen Rassen und Nationen, Alte und Junge. Sie freuen sich über das Kind in der Krippe, das ihr Retter geworden ist, und danken ihm für sein Kommen in unsere Welt.

Ich erzähle Ihnen von Nele, einem kleinen Mädchen, das schon etwas größer war als Ihr L. Nele hatte die Geschichte von Maria und Josef und der Geburt Jesu schon gehört und hatte nun an einem Nachmittag, als die ersten Schneeflocken fielen und als es bereits dämmrig wurde, den Einfall, nach Bethlehem zu gehen und dem Christkind etwas zu schenken. Sie packte in ihre Tasche ein paar Sachen, die sie gern hatte, eine Puppe, Rollschuhe, einen Ball und einen Stern aus Goldpapier. Und dann fragte sie: »Mutter, wo ist Bethlehem?«

Und weil die Mutter gerade so beschäftigt war mit Putzen und Backen, sagte sie: »Quer über die Straße.«

Und da ging die kleine Person los und traf und besuchte ganz verschiedene Menschen, eine alte Dame, die einsam war, ein krankes Kind, einen Bäcker, der seinen Sohn nicht mehr sehen wollte, einen Mann im Schuppen, der zu nichts

mehr Lust hatte, und noch andere. Denen allen erzählte sie, was sie vorhatte, ließ ihnen in der Unterhaltung die Langeweile vergehen, verhalf ihnen zu einem guten Vorsatz und befreite sie von trüben Gedanken, und zwar ohne daß sie das beabsichtigte und ohne daß ihr das bewußt war. Und zum Schluß kam sie zu einem Invaliden, der im Krieg ein Bein verloren hatte und Kerzen verkaufte und dabei immer schrie: »Licht, Licht, ihr Leute, kauft das Licht von Bethlehem!«
Diesem Mann erzählte Nele, daß sie zu dem Ort, den er da nannte, unterwegs gewesen war. Sie hatte ihn gesucht und nicht gefunden, obwohl die Mutter gesagt hatte: »Quer über die Straße!« Ihr Weg habe sie zu vielen Menschen geführt, die hatten sich gefreut, aber ihre Geschenke nicht gebraucht. Und nun müsse sie alles wieder mit nach Hause nehmen. Da ließ sich der Invalide den Stern schenken, befestigte ihn an seiner Mütze und fragte Nele: »Oder sollte unter den vielen Leuten das Christkind doch dabei gewesen sein, und du hast es bloß nicht gemerkt? Mußt die Augen eben besser aufmachen, wie?« Und dann schrie er wieder: »Licht, Licht, ihr Leute, kauft das Licht von Bethlehem!«
Nele selbst hat diese Geschichte erzählt, freilich erst, als sie älter und verständiger geworden war und als sie wußte, daß sie damals als Kind tatsächlich in Bethlehem gewesen war. Denn immer, wenn ein Mensch andere von Mißmut, Langeweile und trüben Gedanken befreit, ihnen zu einem guten Vorsatz verhilft, bei ihnen bleibt, sie ermutigt und für sie da ist, dann macht er nach, was Jesus, als er groß geworden war, vorgemacht hat. Und Gott ist unsichtbar, aber tröstlich zwischen ihnen. Er hilft seinen Kindern, indem er selbst nahe ist, und durch Menschen, die ihn suchen.
Und das wünsche ich Ihnen, liebe Frau M., daß Sie Ihrem L. nicht nur, wenn Sie gerade keine Zeit haben und den lästigen Frager los sein wollen, sagen: »Bethlehem liegt quer über die Straße«, sondern daß Sie ihm gern Auskunft darüber geben, daß Gott sich von uns finden läßt in dieser Welt, daß man nur die Augen aufmachen muß, um ihn zu erkennen, und daß Gott für uns da ist und uns umfängt mit seiner Liebe. Dafür ist es Weihnachten geworden. Und Sie und ich und bald auch schon der kleine L., wir können Gott danken und ihm etwas schenken, wenn wir einem Menschen Gutes tun oder wenn wir mit den anderen zusammen einen Gottesdienst feiern. Weil wir wirklich nach Bethlehem gelangen können, deshalb wird Ihr Sohn heute getauft.
Es wird in erster Linie an Ihnen liegen, ob er sich auch aufmacht wie Nele, um dem Christkind etwas zu schenken. Zunächst aber lade ich Sie selbst dazu ein. Sie können es tun, indem Sie Ihrem Jungen eine gute Mutter sind, indem Sie ihn fördern und begleiten und für ihn da sind, wenn er Sie braucht. Es ist schön, daß Sie dafür die Unterstützung der Mutter und der Paten in Anspruch nehmen können. Möchten Sie alle in den frohen Stunden Ihres Lebens wie heute bei diesem Tauffest, aber auch dann, wenn es schwer ist, wissen, daß der Herr, der heute Ihren L. besonders, aber mit ihm Sie selbst segnet, bei Ihnen ist und sich von Ihnen finden läßt.

Und nun gebe ich dir, L., dieses Buch von Nele (Rudolf Otto Wiemer, Nele geht nach Bethlehem), aus dem ich schon etwas erzählt habe. Laß es dir vorlesen und heb es dir schön auf. Du wirst auch vielen Menschen begegnen. Und ganz bestimmt ist auch auf deinem Weg das Christkind dabei. Du kannst es erkennen und finden, wenn du gut aufpaßt. Denn Bethlehem ist tatsächlich quer über die Straße.

Gerda Storck

Taufe Behinderter: Gott denkt an uns

Text: Psalm 8

In einem seiner Schauspiele beschreibt der amerikanische Dramatiker Eugen O'Neill den Tod eines Mannes.
Die Hafenpolizei erscheint in Gestalt eines alten Kapitäns. Der fragt nach dem Namen des Verstorbenen.
»Mensch«, ist die Antwort. Da nimmt er sein schmutziges Notizbuch aus der Tasche, kramt einen Bleistift hervor, beginnt zu schreiben und stutzt. »Mensch – wie schreibt sich das?«
Es gibt so viele Fragen um den Menschen, wie die Menschheit Gesichter trägt. Und es gibt beinahe ebenso viele Antworten, himmelhochjauchzende und zu Tode betrübte.
»Vieles Gewaltige lebt, doch nichts ist gewaltiger als der Mensch«, hat vor mehr als zweitausend Jahren der griechische Dichter Sophokles geschrieben. Angesichts der Majestät des Weltalls, haben andere dagegen gesagt, sei der Mensch ein Nichts, ein Staubkorn, eine Milbe. Ein Wassertropfen, ein Lufthauch genügen, um ihn zu töten.
Wer hat recht? Der, der die Größe des Menschen betont, oder der, der auf seine Niedrigkeit hinweist?
In unseren Versen wird darüber gestaunt, daß der Mensch imstande ist, Tiere zu zähmen und ihnen seinen Willen aufzuzwingen.
»Alles hast du unter seine Füße getan ...«
Verglichen damit, haben wir es inzwischen verblüffend weit gebracht. Das Hundert-, ja das Tausendfache der Kraft eines Pferdes wird heute mit einem einzigen Knopfdruck regiert.
Und dennoch, wie groß sind die Probleme, vor denen wir gerade dadurch stehen! Ja, wir sind mächtig. Wir können viel. Aber es hat den Anschein, als ob wir gerade in unserer Größe elend wären.
Der Mensch baut Maschinen, damit sie ihm dienen, und wird zugleich deren Sklave. Er entfesselt Gewalten, aber er weiß oft nicht, wie er sie bändigen soll.

Er nimmt den Kampf auf gegen Krankheit, Alter und Tod, und er erfindet im gleichen Augenblick, mit der gleichen Hingabe, ja bisweilen sogar mit den nämlichen Mitteln das Sterben im großen Stil. Zwischen Macht und Ohnmacht, zwischen Glanz und Elend schwanken wir hin und her und wissen am Ende oft selbst nicht, was wir nun eigentlich sind: Engel, Tier, nichts davon oder gar beides zugleich? Die Frage aber bleibt. Wer sind wir eigentlich?
Unser Psalm beschäftigt sich ebenfalls mit ihr.
Er betrachtet den Kosmos und vergleicht den kleinen Menschen damit. Er jubelt zugleich über dessen Fähigkeit, die Welt zu beherrschen.
Seine Mitte jedoch, den Angelpunkt, um den sich alles dreht, bildet der Satz: »Was ist der Mensch, daß du seiner gedenkst, und des Menschen Kind, daß du dich seiner annimmst?«
Nicht über die Macht, die uns zur Verfügung gestellt wurde, wundert sich der Psalmist also vor allem, auch nicht über die Verantwortung, die wir dafür tragen. Am allermeisten staunt er darüber, daß Gott sich um den Menschen kümmert, daß ihm an jedem von uns gelegen ist.
Wenn ich das aber recht verstehe, dann heißt es, daß für unseren Psalm ebenso wie für die ganze Bibel der Wert eines Menschen nicht in dessen Leistung liegt, auch nicht in seiner Klugheit oder gar in dem, was er besitzt. Er beruht vielmehr darin, daß Gott ihn, was auch immer geschieht, nicht vergißt.
Weil dies aber so ist, darum hat auch der kranke Mensch seine Würde und ebenfalls der, den wir eher verachten als beachten möchten.
Es liegt ein ganz neuer Glanz über ihm. Der stammt nicht aus ihm selbst. Der beruht auch nicht auf dem, was andere von ihm halten. Er lebt vielmehr von dem, was jenem Mann in O'Neills Schauspiel begegnete, mit dem ich begonnen habe.
Der hatte ein ziemlich wüstes Leben hinter sich. Kurz vor seinem Tod erfährt er jedoch, daß es auch für ihn Liebe gibt. Die Liebe der Mutter, die Liebe der Gattin und zugleich etwas, das größer ist und darüber hinausreicht.
»Wie war das Gebet, das du mich gelehrt hast?« fragt er, »Vater unser? Vater unser, der du bist – der du bist! Ich weiß! Ich habe ihn gefunden! Ich höre ihn sprechen: gesegnet die Weinenden, denn sie werden lachen!«
Wenn wir nun aber fragen, woher wir wissen können, daß dies überhaupt stimmt, dann wird uns gesagt: Das Andenken Gottes an uns Menschen hat Gestalt gewonnen in Jesus von Nazareth. Er ging zu denen, mit denen andere nichts mehr zu tun haben wollten. Er ließ es sich gefallen, daß man hinter seinem Rücken flüsterte: »Sage mir, mit wem du umgehst, und ich sage dir, wer du bist.«
Er setzte sich dennoch mit den Schwachen, den Zwielichtigen und den hoffnungslosen Fällen an einen Tisch. Nicht, um sich mit ihnen gemein zu machen, sondern um ihnen zu sagen, daß sie von Gott nicht abgeschrieben sind.
Darum taufen wir in seinem Namen. Wir taufen mit Wasser, als dem Zeichen

des neuen Lebens. Und wir wagen es, Kinder zu taufen, die von alledem nichts begreifen.
Denn er ist größer als alle Vernunft. Er hält uns auch dort in den Händen, wo wir dies nicht spüren. Seine Liebe gilt den Bekannten und den Unbekannten, den Großen und mindestens in der gleichen Weise denen, die ganz unscheinbar sind.

Karl-Heinz Ronecker

Taufe von Mutter und Tochter

(Kindergottesdienst)

(Zur Situation: Mutter, 27 J., geschieden, Flüchtling aus der DDR, atheistisches Elternhaus; Tochter 9 J., 8 Glaubensgespräche über 6 Monate mit der Mutter über die Hauptthemen des Glaubens.
Der Wunsch nach Taufe wird stark angemeldet, aber ebensosehr die gebliebenen Fragen und Vorbehalte gegenüber den christlichen Antworten.)

Begrüßung
Ihr habt sicher schon gemerkt, daß R. heute nicht allein gekommen ist. Sie hat ihre Mutter mitgebracht. Das hat seinen besonderen Grund. R. und ihre Mutter werden heute getauft.

Lied 151,1

Gebet

Taufhandlung
(Die Kinder bilden mit je einer Blume in der Hand einen Kreis um den Taufstein, in der anderen Hand halten sie ein Seil, das alle verbindet. Die Täuflinge treten in den Kreis. Die Kinder singen während der Aktion »Ein Seil zieht in diesem Kreis seine Runden«!)

Frage an die Erwachsene
»Sie haben sich auseinandergesetzt mit den 10 Geboten, dem Vaterunser, dem Glaubensbekenntnis und der Botschaft Jesu. Sie haben Schwierigkeiten des Verstehens entdeckt und ihre Fragen benannt.
Nun frage ich Sie, liebe NN, wollen Sie auf dem Weg bleiben, zu fragen nach Gott und nach dem, was uns trägt und hält, so antworten Sie: Ja, mit Gottes Hilfe.«

Antwort

»Wollen Sie getauft werden?«

Antwort

»Wollen Sie mit Ihrer Tochter auf dem Wege bleiben, nach Gott zu fragen und dafür Sorge zu tragen, daß sie Jesus Christus kennenlernt, so antworten Sie: Ja, mit Gottes Hilfe.«

Antwort

»Liebe Paten, wollt ihr eurem Patenkind treu zur Seite stehen? Wollt ihr mithelfen, daß es hineinwächst in die christliche Gemeinde, so antwortet: Ja, mit Gottes Hilfe.«

Antwort

Credo

»So laßt uns taufen, in der Hoffnung, daß sich unser Glaube bewährt.«

Taufe

Taufspruch
»Suchet mich, so werdet ihr leben.« (Amos 5,4)
(Die Kinder überreichen die Blumen, sie öffnen den Kreis für die beiden Getauften und den Pastor und ziehen singend um den Taufstein mit dem Lied: Ein Seil zieht in diesem Kreis seine Runden.
Alle Teilnehmer nehmen am sonst im Kindergottesdienst gewohnten Ort Platz. Die Geschichte von der Taufe des Johannes wird erzählt mit Hilfe von Flanellbildern; die Kinder können während des Erzählens ihre Fragen nach der erlebten Erwachsenentaufe stellen.)
(Das Element des Seilliedes läßt sich auf jede Tauffeier im Kindergottesdienst übertragen.)

Heinz Behrends

Kindersegnung

Zur Vorgeschichte

Ein Elternpaar (Klaus und Claudia) bitten einen ihnen befreundeten Pfarrer (Wolfgang), ihr Kind zu segnen. Eine Taufe des Kindes lehnen beide ab. Der Vater, Mitglied der Landeskirche, der baptistischen Gemeinde nahestehend, und Mitarbeiter in der ESG, lehnt die Kindertaufe ab. Die Mutter, Ausländerin und ebenfalls in der ESG aktiv, ist Jüdin.
Was ist eine Segnung? Was eine Kindersegnung? Selbst die RGG bietet nicht einmal die Stichworte. Daß Segnung unabhängig von Taufe erfolgen kann, zeigt nicht nur Acta 8,14-17, sondern auch die Segnung bei der Konfirmation. Zur Problematik der Zusammengehörigkeit von Taufe und Segnung und zur Eigenbedeutung der Segnung vgl. Manfred MEZGER, Die Amtshandlungen der Kirche als Verkündigung, Ordnung und Seelsorge, Bd. I; Die Begründung der Amtshandlungen, 2. Aufl., München 1963, 253ff.
Eine christliche Liturgie für eine Kindersegnung war nicht aufzutreiben. Jüdische Vorschriften Mädchen betreffend waren ebenfalls nicht zu finden.
Da auch die Warnung Karl BARTHs, Kirchliche Dogmatik IV, 4, 213, nicht zutraf, wurde eine eigene Liturgie entwickelt. Sie wird im folgenden vorgelegt.
Die Feier fand im Gemeindesaal der ESG statt. Auf der einen Seite waren Tische gerichtet für Kaffee und Kuchen. Auf der anderen Seite geschah die eigentliche Handlung. Die Teilnehmer (Familien und Gäste) standen und saßen um einen Tisch. Auf dem Tisch waren vorbereitet eine hebräische und eine deutsche Bibel, eine Menora (siebenarmiger Leuchter, daneben eine achte Kerze), ein Glas Rotwein und ein Fäßchen Salz.
Die hebräisch-deutschen Gebete wurden entnommen aus Dr. Michael SACHS, Festgebete der Israeliten, Breslau 1911, und aus der Biblia hebraica.

I. Eingangsteil

Begrüßung der Gäste
Lied
Einführung
(Dank für das Kind ... Es braucht wie alle Menschen den Segen ... Den erbitten wir heute von Gott ... Wir stehen in einer langen Tradition der Segensträger ... Wie in jüdischen Familien üblich, beginnen wir mit dem Segensgebet, dem)
KIDDUSCH: baruch atta adonai elohenu ... Gelobt seist Du, Ewiger
Lied

II. Namensteil

(W.) Für jeden Menschen ist der Name wichtig. Mit seinem Namen geht er

durch die Welt. Man wechselt die Namen nicht. Es mag einer in schlechten Tagen seinen Namen verfluchen und in den guten ihn glücklich preisen, der Name gehört untrennbar zu ihm. In seinem Namen findet er sich wieder.
Darum bringt das Kind zu mir! Wie soll das Kind heißen? C., welchen Namen hast du für dein Kind gewählt?
(C.: Sarah)
Sarah – das heißt: die Fürstin, die Königin. Sarah – das war die Frau des Abraham, den wir gemeinsam den Vater des Glaubens nennen. Darum ist Sarah die erste der Mütter des Gottesvolkes, ja deren Fürstin.
K., welchen Namen hast du für dein Kind gewählt?
(K.: Martina)
Martina – das ist die weibliche Form von Martin und heißt: die Streitbare, die eintritt für ihre Sache, die Kämpferische. In diesem Gedenkjahr wird man dabei an den Dr. Martinus denken. Aber in diesem Namen schwingt auch etwas Gütiges, Sanftes mit von dem Martin her, der den Mantel teilte.
Sarah Martina – das wäre dann die fürstliche Mutter des Gottesvolkes, die kämpfend eintritt für ihre Kinder.
Sarah Martina, unter diesem Namen sollst du von Gott und den Menschen gerufen werden.
Sarah Martina – unter diesem Namen bist du in das Buch des Lebens geschrieben und in die Handflächen Gottes.
Sarah Martina – unter diesem Namen gehe deinen Weg, und viele Menschen mögen sich an dir erfreuen und an dir lernen, Gott zu loben.
Fürchte dich nicht – spricht der Herr, unser Gott – siehe, ich habe dich erlöst, ich habe dich bei deinem Namen gerufen; du bist mein.
Lied
Ansprache zu Jes. 43,1 b
Lied

III. Segensteil

Hinführung (W.)
Bei der Vorbereitung auf das heutige Fest haben wir auch über die Taufe gesprochen.
Unter uns Christen ist der Zeitpunkt der Taufe umstritten. Klaus ist – im Gegensatz zu mir – ein Anhänger der Erwachsenentaufe.
Zwischen den Juden und den Christen ist die Taufe selbst umstritten. Ihr wißt, Claudia ist Jüdin.
Wer von einer jüdischen Mutter geboren wurde, der ist und bleibt Jude – nach jüdischem Verständnis –, auch wenn er Christ sein oder werden sollte.
Claudia und Klaus sind sich einig, daß sie ihr Kind im Glauben an Gott erziehen

wollen. Sie möchten aber einer Entscheidung ihres Kindes nicht vorgreifen. Gemeinsam wollen sie ihr Kind befähigen, eine eigene Entscheidung zu treffen. Darum erbitten sie heute gemeinsam den Segen für ihr Kind.
Die Bibel kennt zwei Arten des Handelns Gottes mit den Menschen:
– das Retten als das ereignishafte Eingreifen Gottes zu Heil und Wohl der Menschen. Die Rettung am Schilfmeer ist dafür ein Beispiel. Nach christlichem Glauben geschah solche Rettung endgültig in Kreuz und Auferstehung des Jesus von Nazareth.
– das Segnen als die dauernde und fortwährende Zuwendung Gottes. Solcher Segen von Gott wurde weitergegeben durch die Väter Isaak und Jakob, durch Mose, dann auch durch die Apostel.
Um diesen Segen geht es heute.
Wer darf den Segen sprechen?
Einst lebte in dieser Stadt eine blühende jüdische Gemeinde. Als ihr, C. und K., noch nicht geboren wart, wurde in böser Zeit die Synagoge zerstört. Sie stand dort, wo heute die Sparkasse steht. Ist das bezeichnend bis heute?
Nur drei alte jüdische Männer leben jetzt wieder in dieser Stadt, zu wenig für eine gottesdienstliche Versammlung.
Bei den Juden darf jeder Mann über 13 Jahren den Segen erteilen. Nur der aaronitische Segen, den wir Evangelischen am Ende des Gottesdienstes sprechen, ist den Kohanim, denen aus priesterlichem Geschlecht vorbehalten.
Unter uns Christen, wenigstens bei denen, die keine Priesterweihe kennen, kann jedes erwachsene Mitglied segnen.
Wenn ich nun über eurem Kind den Segen spreche, so tue ich es, weil ihr mich darum gebeten habt.
SEGEN
Sarah Martina,
du bist ein Träger der Verheißung,
daß Gott mit dir ist alle Tage;
du bist ein Träger der Hoffnung,
daß wir alle Gott entgegengehen;
du bist ein Träger der Liebe,
daß du die Liebe weitergibst,
die du von Gott und den Menschen empfängst.
Über dir wollen wir Gott loben
in der Sprache deiner Mütter
und den Segen in unserer Sprache wiederholen:

baruch atta ...

(Psalm 121,7+8)
jhwh jischmarecha mikkel rea' ...

Der Herr behüte Dich vor allem Bösen.
Er behüte deine Seele.
Der Herr behüte deinen Ausgang und Eingang
von nun an bis in Ewigkeit.
Und der Name Jesu stehe über deinem Weg.
Er begleite dich, wo immer du hingehst,
bis an das Ende der Welt.
du bist nicht allein. Amen.
Lied

IV. Abschlußteil
Die Sieben Flammen
(Nach Huub Oosterhuis, im Vorübergehen, 175ff.; gelesen von W., C., K. und Freunden; jeweils eine Kerze der Menora wurde dazu entzündet.)
Gebet – Vaterunser
Der Becher der Gemeinschaft (W.)
Bei jedem Fest, auch am Sabbat, wird in den jüdischen Familien ein Becher mit Wein auf den Tisch gestellt, wie wir es auch getan haben.
Übrigens gehört auch das Salz auf den Tisch. Es ist das Zeichen für die guten Gaben Gottes.
Dann wird der Wein gesegnet.
Claudia wird das tun mit dem Segensspruch, dem Kiddusch, den wir schon hörten. Wir trinken alle von dem Wein zum Zeichen der Gemeinschaft und geben einander den Becher weiter mit dem Friedensgruß: Friede sei mit dir.
KIDDUSCH (C.)

Einladung zu Kaffee und Kuchen

Wolfgang Lipp

Voten, Anreden, Meditationen, Gebete

Begrüßungen, Voten, Psalmen, Meditationen

Im Namen dessen, der dich erschafft,
der dich erlöst,
der dich bewahrt:
Gott, Vater, Sohn und hl. Geist.

Der himmlische Herr liebt dich, wie ein Vater sein Kind liebt,
der Sohn Gottes ist dir so nah, wie die Kinder Gottes unter demselben Vater einander nah sind,
der Geist Gottes leitet sich, wie der Geist die Glieder deines Körpers leitet.

Nicht im Namen einer irdischen,
sondern im Namen Gottes,
nicht in der Vergänglichkeit einer menschlichen Liebe,
sondern in der Liebe Jesu Christi,
nicht in der Unsicherheit eines menschlichen Denkens,
sondern in der Gewißheit der Leitung des hl. Geistes
taufen wir heute ...
feiern wir diesen Gottesdienst!

Bernhard von Issendorff

1. Wir kommen hier zusammen und taufen ein Kind. Wir bringen unsere Erlebnisse dieser Woche mit, die Erfahrungen unseres Lebens. Wir kommen aus unterschiedlichen Überlieferungen. Wir haben verschiedene Erwartungen. Wir sind auf der Suche nach dem Sinn und Ziel unseres Lebens. Die Taufe ist Zeichen für ein sinnerfülltes Leben. Wir feiern diesen Gottesdienst im Vertrauen auf den Gott, der als Schöpfer diese Welt ins Sein gerufen hat; in der Zuversicht auf den Sohn, der als Bruder aller Menschen uns zu seinen Geschwistern beruft; in der Gewißheit des Heiligen Geistes, der uns immer wieder neue Lebensgemeinschaft schenkt.
2. Ich begrüße Sie, liebe Eltern und liebe Paten. Sie haben sich dafür entschieden, Ihr Kind heute in diesem Gottesdienst taufen zu lassen. Sie stimmen ein in die Überlieferung unserer Kirche. Sie setzen ein Zeichen der Hoffnung. – Gemeinsam vertrauen wir auf Gott als den Vater aller Menschen, auf Jesus Christus als den Bruder für alle Menschen, auf den Heiligen Geist als die Gewißheit für alle Menschen.

3. Wo wir taufen, da bekennen wir uns zu Jesus Christus. Wir vertrauen, daß unser Leben Sinn und Ziel findet. Wir hoffen, daß wir über den Abgründen gehalten sind. Wir wagen unser Leben in der Gemeinschaft mit Gott dem Vater, dem Sohn und dem Heiligen Geist.

Claus Marcus

Psalm 8,1-7.10 und der Taufbefehl nach Matthäus

Herr, unser Herrscher, wie herrlich ist dein Name in allen Landen, der du zeigst deine Hoheit am Himmel.
Christus spricht: Mir ist gegeben alle Gewalt im Himmel und auf Erden.
Aus dem Munde der jungen Kinder und Säuglinge hast du eine Macht zugerichtet um deiner Feinde willen, daß du vertilgest den Feind und den Rachgierigen.
Und Christus spricht weiter: Darum gehet hin und machet zu Jüngern alle Völker.
Wenn ich sehe die Himmel, deiner Finger Werk,
den Mond und die Sterne, die du bereitet hast:
Was ist der Mensch, daß du seiner gedenkst,
und des Menschen Kind, daß du dich seiner annimmst.
Deshalb befiehlt Jesus Christus: Taufet sie auf den Namen des Vaters und des Sohnes und des Heiligen Geistes.
Du hast ihn wenig niedriger gemacht als Gott,
mit Ehre und Herrlichkeit hast du ihn gekrönt.
Und deshalb sagt der Auferstandene: Und lehret sie halten alles, was ich euch befohlen habe.
Du hast ihn zum Herrn gemacht über deiner Hände Werk,
alles hast du unter seine Füße getan:
Und so verheißt er uns: Und siehe, ich bin bei euch alle Tage bis an der Welt Ende.
Herr, unser Herrscher,
wie herrlich ist dein Name in allen Landen.

Bernhard von Issendorff

Im Gespräch mit Psalm 2

Ich möchte jubeln,
und tanzen vor Freude.
Der Herr ist mein König,
den Rat der Mächtigen hat er zurückgewiesen,
denn mich liebt der Herr allezeit.
Er hat mich wirklich befreit
und die Ketten gesprengt, die mich banden.

Du, der du im Himmel wohnst, hast Platz in meinem Herzen,
und dein Sieg ist in meinem Lachen.
Mir ist nicht mehr angst vor deinem kommenden Gericht,
und dein Kommen ängstigt mich nicht mehr.
Du hast deine Königsherrschaft angetreten
in meinem Herzen und bald in der ganzen Welt.
Deinen heiligen Willen hast du uns wissen lassen: Du hast gesagt:
Ihr seid meine geliebten Kinder, ich bin euer Vater.
Was wir von dir erbitten, hast du uns zugesagt,
und aller Welt gilt dein Dienst.
Du nimmst uns in deine gnädigen Vaterarme
und heilst alle unsere Gebrechen.
So nehmen wir an, was du uns sagst,
und verändern uns nach deinem Willen
und beginnen unser Leben neu
und beten den an,
der uns liebt
und für uns das Leben ist,
denn seine Gnade herrscht
und ein sinnvolles Leben haben wir alle in ihm.

Bernhard von Issendorff

Tauffragen

1. Wollt ihr euch dafür einsetzen, gute Eltern und Paten zu werden, die dieses Kind in seinem Fühlen und Denken, in seinem Verhalten und Handeln zu verstehen suchen?
2. Wollt ihr daran denken, daß euch dieses Kind von Gott anvertraut ist als Gabe und Aufgabe?
3. Wollt ihr euch bemühen, mit diesem Kind gemeinsam Schritte auf dem Weg zum Leben zu gehen? Ihr werdet dabei Oasen des Vertrauens und der Liebe finden.
4. Wollt ihr immer neu den Versuch wagen, die Wahrheit des neuen Lebens in Jesus dem Christus miteinander zu buchstabieren? So gebt ihr dem Leben einen Grund, den die vergehende Zeit nicht vernichten kann.
5. Wagt ihr das Versprechen, eurem Kind treu zu bleiben, was die Zukunft auch bringen mag – es zu achten, wohin es auch gehen wird; es zu lieben, wie es sich auch entscheiden mag?

Wenn ihr diese Fragen mit ja beantworten könnt, dann bitte ich euch zu sagen: Ja, das wollen wir.

Claus Marcus

Erwartet ihr für euer Kind
von Gott, dem Herrn, das Heil
und nicht von menschlicher Leistung oder politischer Ideologie?
Laßt ihr euch für euer Kind
die Versöhnung durch Jesus Christus gefallen
und sucht sie nicht durch Besitz oder Macht zu erzwingen?
Nehmt ihr für euer Kind
die Führung durch den heiligen Geist an
und verzichtet ihr deshalb auf eigene Ansprüche und widersprecht ihr in seinem Namen Ansprüchen Dritter?
So antwortet:
Von dir, Gott, erwarten wir unser Heil. Von Jesus Christus nehmen wir die Versöhnung. Du, heiliger Geist, führe uns!

Bernhard von Issendorff

(Erwachsenentaufe)

Willst du ein Kind Gottes sein,
dich nach Kräften mühen, seinen heiligen Willen zu tun,
und an dir die Vergebung geschehen lassen?
Willst du ein Bruder der Menschen werden,
ihnen weitersagen, was Gott dir Gutes tat,
und ihnen die Hand der Versöhnung entgegenstrecken?
Willst du ein Glied seiner Gemeinde werden,
daß sein Reich wachse inmitten dieser Welt
und Heimat biete den verschiedensten Menschen?
So antworte: Das ist mein Wille. Gott helfe mir.

Bernhard von Issendorff

Lossprechung

An dir soll der Dämon der Macht kein Recht haben,
dich zu verführen zur Lieblosigkeit,
dich wegzulocken von der Wahrhaftigkeit,
dich vertraut zu machen mit der Hartherzigkeit,
dich einzuspinnen für die Propaganda der Lüge.
Über Dich soll der Dämon des Rausches keine Macht entwickeln,
dich zu verstricken in Abhängigkeit,
dich gefügig zu machen in Begierden,
dich einzuspannen in fremden Interessen,
dich sterben zu lassen im Gift.
In Dir soll der Dämon des Neides keinen Platz bekommen,
dich zu entfremden von deinen Brüdern,
dich unfähig zu machen, ihre Not zu erkennen,
dich begierig werden zu lassen, ihre Schwäche auszunutzen,
in dir abzutöten Mitleiden und Mitfreuden.
Aus dir soll der Dämon des Hasses nicht mehr sprechen,
die Luft zu vergiften, die wir atmen,
die Liebe auszukühlen, die uns begeistert,
den Frieden zu verderben, aus dem wir leben,
die Hoffnung zu töten, die uns bewegt.
Denn du gehörst Gott,
er gibt dir Raum zum Leben,
er baut mit dir sein göttliches Reich.

Du sollst zu dem Herrn gehören,
der das Licht leuchten läßt in der Finsternis,
der die Wärme sendet in die Kälte der Erde,
der Liebe ermöglicht in der Lieblosigkeit mitten in der Welt,
der Chaos ordnet,
der Schuld vergibt
und den Tod überwindet.
Du sollst zu diesem Herrn gehören!
Du sollst zu dem Herrn gehören,
der den Frieden sendet unter die Friedlosen,
der den Weg bahnt für die ziellos Wandernden,
der das Recht schafft mitten im Unrecht,
der Fronten durchbricht,
der Haß überwindet
und Leben erweckt.
Du sollst zu diesem Herrn gehören!

Bernhard von Issendorff

Tauferinnerung

Da Jesus aus der Taufe stieg,
sah er, daß sich der Himmel auftat:
So ist auch für uns, Getaufte, der Himmel aufgetan
und Erde und Himmel, Menschen- und Gotteswelt nicht mehr getrennt.
So soll niemand uns den Himmel verschließen
und auseinanderreißen, was zusammengehört.
Da Jesus aus der Taufe stieg,
sah er, daß sich der Himmel auftat
und der Geist auf ihn herabkam.
So ist auch auf uns, Getaufte, der Geist Gottes herabgekommen,
und im menschlichen Wort vermögen wir, Gottes Stimme wahrzunehmen.
So soll niemand uns den Geist absprechen
und uns die Ohren taub machen für die Wahrheit.
Da Jesus aus der Taufe stieg,
sah er, daß sich der Himmel auftat
und der Geist auf ihn herabkam.
Da erscholl eine Stimme vom Himmel:
Du bist mein lieber Sohn, an dir habe ich Wohlgefallen.
So gilt auch für uns, Getaufte, daß wir Gottes Kinder heißen
und unter einem Vater in jedem Menschen den Bruder erkennen können.

So soll uns niemand dem Bruder entfremden
und uns aus der Nähe Gottes weglocken. *Bernhard von Issendorff*

Tauferinnerung

Gott ließ es regnen auf Erden, – und das Leben wuchs auf.
Selbst in den Wüsten entfalteten verborgene Keime das Leben in seiner Vielfalt und Schönheit,
und die bunten Blüten lockten die Insekten herbei
– und sicherten, daß die Pflanzen absterbend Samen in den Boden gaben mit der unendlichen Geduld, zu warten bis wieder genug Wasser das Wunder des Lebens erweckt.
Johannes der Täufer predigte, laßt euch taufen im Namen dieses Gottes, daß eure erstarrten Herzen wieder zu schlagen beginnen, euer Verstand den Herrn des Lebens sucht, euer Leben Sinn gewinnt und eure Taten Richtung
– und bereitete dem Herrn einen Weg durch die Wüste der Hoffnungslosigkeit.
Die Jünger Jesu begannen zu taufen im Namen des Gekreuzigten, denn die Trauer über den Tod ihrer Wünsche hatte sich ihnen verwandelt durch den heiligen Geist in Freude über das Leben der Liebe Gottes,
– und sie formten eine Gemeinschaft, daß die Menschen nicht allein den Versuchungen und den Irrbildern auf ihrem Lebensweg ausgesetzt seien.
Wir taufen im Namen des Vaters und des Sohnes und des hl. Geistes, denn an dem Leben, das in der Wüste aufblüht, an der Hoffnung, die aus erstarrten Herzen wächst, an der Auferstehung aus dem Tod haben wir Anteil
– und geben weiter, was wir geschenkt bekamen, und erzählen weiter, was uns verheißen wurde. *Bernhard von Issendorff*

Schlußgebete

Herr,
wir danken dir für dies Kind:
Du hast ihm die kleinen Hände gegeben.
Wir wollen sie mit guten Dingen füllen:
Dingen zum Spielen, zum Begreifen, zum Bearbeiten.
Du hast ihm die kleinen Füße gegeben.
Wir wollen mit ihm gute Wege gehen:
Wege der Versöhnung, zu Freunden, zum Frieden.
Du hast ihm die großen Augen gegeben.
Wir wollen alles tun, daß es Gutes zu sehen bekommt:

Anlaß zum Lachen, zur Freude, zum Nachdenken.
Du hast ihm den schönen Mund gegeben.
Wir wollen uns bemühen, daß er schmecke
das Gute des Brots, das Schöne der Worte, das Heitere der Liebe.
Du hast ihm den Verstand gegeben.
Wir wollen uns anstrengen, ihn auszubilden:
Schönheit zu erkennen, Recht zu gewähren und Neues zu entwerfen.
Herr,
wir danken dir für dies Kind.

Bernhard von Issendorff

Wir danken dir, Gott, für das Geschenk dieser Kinder.
Sie haben alles, was sie zum Menschsein brauchen: Augen und Ohren, Hände und Mund,
Verstand und Gefühl, Phantasie und schöpferische Begabung. Sie werden hören können, wie man dich lobt,
weil du eine gute Zukunft für alle bereit hältst.
Sie werden die zärtlichen Worte der Liebe vernehmen können, sie werden hören können, was die zu ihnen sagen, die es gut mit ihnen meinen,
und werden es kritisch bedenken können, um selbst einen Weg zu finden.
Sie werden sehen können, wie schön deine Welt ist und wie gut das Gesicht ihrer Mutter.
Sie werden Leid und Ungerechtigkeit sehen und gefragt werden, was sie dagegen tun wollen.
Sie werden lachen können,
weil das Leben köstlich ist;
und sie werden weinen,
weil man ihnen weh tut.
Gott, wir vertrauen dir diese Kinder an:
Bleibe bei ihnen auf allen ihren Wegen,
behüte sie vor allem Argen:
Vor dem, was Menschen ihnen antun können,
und vor dem, was sie sich selbst antun können.
Mache sie bereit, in der Welt für die Liebe einzutreten,
die du bist,
und allem feind zu sein,
was dir feind ist.
Sei du bei ihnen alle Tage und Stunden.
Sei du bei ihnen, wenn niemand von uns bei ihnen sein kann. Amen
(Fundort nicht mehr zu ermitteln)

Erhard Lerch

Zur Taufe in einem Sonntagsgottesdienst

Es sei im folgenden ein Versuch präsentiert, Elemente der Tauftheologie mit Erkenntnissen der Psychologie zu verbinden im Sinne von Lebenshilfe für die Eltern, aber auch im Hinblick auf die religiöse Erziehung des Kindes. Wer diesen Ansatz weiterverfolgen will, findet reichhaltige Anregung bei: Christa Gäbler, Christoph Schmid, Peter Siber: Taufgespräche in Elterngruppen, erschienen im Institut für Erwachsenenbildung der evang.-ref. Landeskirche, Zürich, 1976.

(Nach der Begrüßung der Gemeinde:)
Wir haben heute die Freude, ein kleines Kind zu taufen. Der Apostel Paulus schreibt, daß wir durch Jesus Christus als Gottes Kinder angenommen sind. Darum reden wir Gott ja auch als Vater an. Die Taufe ist uns Zeichen dafür, daß wir zur Gotteskindschaft berufen sind. Gott bietet uns Menschen eine Beziehung an, die vergleichbar ist mit jener der Eltern zu ihren Kindern. Mit der Taufe drücken wir aus, daß wir dieses Angebot dankbar annehmen und mit unserer Gotteskindschaft ernst machen wollen. Daß wir Gottes Kinder sind, das heißt nun in erster Linie, daß unser Verhältnis zu Gott von Vertrauen bestimmt ist, von dem bedingungslosen Vertrauen, wie es uns in Jesus Christus entgegenkommt. Im Leben und Sterben seines Sohnes hat uns Gott gezeigt, wie vorbehaltlos und unbeschränkt seine Liebe zum Menschen ist. Wir sind aufgerufen, auf diese Liebe zu vertrauen und sie zur tragenden Kraft unseres Lebens werden zu lassen.
In der Tat spielt das Vertrauen ja eine zentrale Rolle im menschlichen Leben, am Anfang sogar die wichtigste. Es wird für die Zukunft dieses Kindes entscheidend sein, ob es jetzt, in der ersten Zeit seines Lebens, ein Grundvertrauen in die Welt, das Leben und auf sich selbst erwirbt. Nur aus einem solchen Grundvertrauen heraus wird das Kind sich selbst bejahen können und eine positive, gesunde Einstellung zum Leben finden. Die Aufgabe von uns Eltern und Erziehern ist es, dem Kind beim Aufbau seiner Vertrauenshaltung beizustehen. Es ist lebenswichtig, dem Kind Geborgenheit und Wärme zu geben.
Wenn wir als Erzieher unsern Kindern soviel Liebe und Vertrauen entgegenzubringen haben, stellt sich die Frage, woher wir selbst die Kraft dazu empfangen. Besonders in Zeiten der Unsicherheit und Angst brauchen wir eine Quelle, aus der wir für uns die lebensbejahende Grundeinstellung schöpfen können. Hier sind wir aufgerufen, auf unsere Gotteskindschaft zu bauen und uns auf die Liebe Gottes zu verlassen. Wir sind nicht auf uns allein gestellt in der verantwortungsvollen Aufgabe, unsern Kindern das so entscheidende Grundvertrauen zu vermitteln. Sondern die Taufe spricht Eltern und Kindern zu, daß sie auch in der Unsicherheit und Sorge gehalten sind im Vertrauen auf Gott. Christliche Erziehung macht die Kinder zu gegebener Zeit aufmerksam auf diesen Urgrund des Vertrauens, auf Gott, so daß sie ihren eigenen Weg zu ihm finden können.

Peter Künzler

Ich habe während der letzten Liedstrophe eine Kerze am Altar neu entzündet und stelle sie auf den Rand des Taufbeckens. Ich begrüße jetzt die Familie N.N. mit Tochter: »Liebe Eltern und Paten, vor allem liebe N.N. Du verstehst noch nicht viel von deinem Leben, und doch ist dir das Wichtigste schon geschehen: Du darfst leben, bist von Gott mittels deiner Eltern ins Leben gerufen. Du bist geliebt. Wie du jetzt in den Armen deiner Mutter ruhst, das ist Gottes Bewahrung hautnah, denn deine Eltern sind die Mitarbeiter Gottes, die die Liebe nicht machen, sondern sie nur weitergeben und dir die Liebe in die Seele streicheln. Du, N.N., Gott liebt dich und Gott braucht dich. Nicht als Laune der Natur bist Du auf der Welt, sondern als ein Energiebündel in Gottes Kräftehaushalt. Du, ein Bäumchen in Gottes Garten, das Frucht bringen wird im Laufe der Zeit.
Für diesen Lebensauftrag bekommst du jetzt ein Zeichen: die Taufe. Du wirst sie verstehen lernen, du wirst dich hoffentlich verstehen lernen als getauft in Gott hinein, als in Gottes Liebe hineingetaucht für immer. Die Taufe geben wir dir weiter. Jetzt heißt du nicht mehr nur N.N., sondern N.N., Tochter Gottes, Schwester von Jesus in der Gemeinde der Christen.
Wir stehen dafür ein: Das Leben ist die große Freude Gottes und du bist ein Sprößling dieser Freude, berufen, einmal Früchte zur Freude Gottes zu bringen. Wir sagen dir das weiter im Auftrag unseres Herrn Jesus Christus, der seine Jünger aussendet zu allen Zeiten mit dem Auftrag:
Gehet hin in alle Welt und lehret alle Völker und tauft sie im Namen Gottes, des Vaters, des Sohnes und des Heiligen Geistes. Mir ist gegeben letztlich alle Gewalt im Himmel und auf Erden und ich bin bei euch alle Tage bis an der Welt Ende. Wer glaubt und getauft wird, der wird selig werden. Wer Gott nicht glaubt, der hat umsonst gelebt.
Eltern und Paten, nun kommt mit eurem Kind zum Taufstein ... Ich frage euch: »Wollt ihr, daß euer Kind getauft wird im Namen Gottes, des Vaters und des Sohnes und des Heiligen Geistes und wollt ihr es erziehen im christlichen Glauben, so gut ihr könnt, so antwortet: Ja.«
Eltern: »Ja!«
So taufe ich dich, N.N. im Namen Gottes, des Vaters und des Sohnes und des Heiligen Geistes.
Eltern und Paten, legt jetzt bitte N.N. die Hand auf, daß wir fest für sie beten. N.N., wir geben dir das Zeichen des Kreuzes: Gott der Herr ist Sonne und Schild, die Kraft zu allem Guten, der Schutz in allem Schweren. Amen.

Traugott Giesen

Liebe Eltern und Paten, liebe Gemeinde! Wir taufen in diesem Gottesdienst ... Er soll zu uns gehören in die Gemeinschaft von Christen in dieser Stadt und in der Welt. Auch dieses Kind lebt wie wir in einer Welt, die weit entfernt ist von dem, was Gott mit uns und seiner Welt gemeint hat und vorhat. Das Kind wird Anteil haben an den Sorgen, die wir haben, an den Ängsten, die wir erzeugen oder die uns gemacht werden, an der Ungerechtigkeit und Ungleichheit, die weiter unter uns vorherrscht. Doch mitten in diesen Sorgen und Ängsten, mitten in der Ungleichheit und Ungerechtigkeit werden wir herausgeholt aus unserer Gleichgültigkeit und aus der Hoffnungslosigkeit durch das Versprechen unseres Gottes, daß er uns braucht und gebrauchen will für seine Welt, die menschenwürdige und menschenfreundliche Welt.
Liebe Eltern und Paten!
Wollen Sie, daß dieses Kind (diese Kinder) auf den Namen Jesu getauft wird (werden) und damit aufgenommen wird (werden) in die Gemeinschaft von Menschen, die sich einsetzen für eine menschenwürdige und menschenfreundliche Welt, für Frieden und Gerechtigkeit, und die sich dabei leiten lassen von Jesus Christus, der uns herausholt aus Angst und Isolierung, aus Selbstgerechtigkeit und Resignation zu einem erfüllten Leben mit und für andere, so antworten Sie:
Ja, mit Gottes Hilfe.
Laßt uns beten!
Herr, wir bitten Dich für die Eltern und Paten, daß sie das Kind (die Kinder) annehmen, wie es (sie) ist (sind),
daß sie das Kind (die Kinder) auf dem Weg des Lebens begleiten mit Rat und Tat,
daß sie Geduld haben und Freiheit zur eigenen Entfaltung geben und den anderen nicht aufgeben, wenn er andere Wege geht.
Wir bitten Dich für uns, die Gemeinde,
daß wir keine geschlossene Gesellschaft sind,
daß wir mit unserem Reden und Handeln Hoffnung geben und
Mut zum Leben.
Amen

Günter Berndt

Die Mitarbeiter

Pfarrerin Roswitha Alterhoff, Hofgeismar. Pfarrer Konrad Barner, Steinbach. Pfarrer Heinz Behrends, Wallensen. Pfarrer Dr. Günter Berndt, Berlin. Dozent Dr. Karl-Heinrich Bieritz, Leipzig. Dekan Georg Blum, Hainburg. Pfarrer Günter Bublitz, Zülpich. Pfarrer Hans-Joachim Curth, Berlin. Pfarrer Hans Fauser, Reutlingen. Pfarrerin Renate Ganzhorn-Burkhardt, Böblingen. Pfarrer Dr. Wolfgang Gerlach, Kettwig. Pfarrer Traugott Giesen, Keitum. Pfarrer Dr. Heinrich Grosse, Wolfsburg. Pfarrer Dr. Rolf Heinrich, Gelsenkirchen. Pfarrer Bernhard von Issendorff, Frankfurt. Pfarrer August Friedrich Kleppel, Kaiserslautern. Pfarrer Heinz-Dieter Knigge, Göttingen. Pfarrer Ulrich Kosfeld, Bochum. Pfarrer Peter Künzler, CH-Münchenstein. Pfarrer Erhard Lerch, Stuttgart. Pfarrer Helmut Liersch, Groß Elbe. Pfarrer Wolfgang Lipp, Ulm. Pfarrer Klaus-Dieter Makarowski, Alfeld. Pfarrer Claus Marcus, Berlin. Pfarrer Klaus von Mering, Langeoog. Dekan Karl-Heinz Ronecker, Freiburg. Pfarrer Dieter Schupp, Eisenberg. Pfarrer Michael Schwekendiek, Schneverdingen. Pfarrer Helmut Siegel, Hagen bei Bremen. Pfarrer Dr. Gerda Storck, Gießen. Pfarrer Klaus Zillessen, Kirchzarten.

Verzeichnis der Bibelstellen